桜のいのち庭のこころ

佐野藤右衛門
聞き書き 塩野米松

筑摩書房

目次

まえがき 11

I 京都山越と植木屋・植藤

十六代目・佐野藤右衛門 18
代々仁和寺に仕えた百姓ですわ 20
十六軒の植木屋のある山越 27
おじいさんに育てられた少年時代 31
急性肺炎で見たあの世の入口 37
戦後は叔父について植木屋の修業 42
イサム・ノグチと日本庭園をつくる 45

Ⅱ　桜のいのち

桜道楽、桜守三代　54
シベリア鉄道沿いに百万本の桜を　62
百七十五種が描かれた父の桜図譜　66
誕生日に植えた桜の不思議　68
桜が教えてくれた木の生かし方　73
できるだけ多くの桜が見たいですな　77
実生で育つ山桜、彼岸桜、大島桜　79
根接ぎ――桜の接ぎ方　82
接ぎ木で苦労した兼六園の菊桜　87
接ぎ木は夫婦で　91
桜切るバカ、梅切らぬアホ　95
次の世代を別の場所に移す桜　98

花の見方・楽しみ方　102
一本の変種から日本中に広まったソメイヨシノ　106
富士には富士桜がよく似合う　110
桜守と樹木医のちがい　114
関東で喜ばれる花の塩漬け　120

III　庭のこころ

庭をつくるということ　126
庭は手入れでなしに守りですわ　129
庭作り、まず床の間を見る　132
主木は風格のある松　135
花とともに幹を楽しむ梅　138
風よけに使う竹　144
紅葉は隠れたおしゃれの木　147

庭のためのいい土とは 148
顔も目もある石のこと 153
石張りには漆喰 158
灯籠の揺れる明かりは客への心づかい 162
池の楽しみ方とは 165
生け垣に使う樫や竹のこと 167
京の庭、関東の庭、西洋の庭 171

Ⅳ 自然と昔の人の知恵

大切な自然を理解する心 178
なぜ神社に大銀杏があるのか 182
江戸の街道の並木に学ぶ 184
山は杉、桜はソメイヨシノでおもろないですな 186
八重の山桜・サノザクラの誕生 189

木も場所を選びまっせ 192
三百年に一度、松が全滅するはなし 195
自然にマニュアルはありませんな 198
巨石を運んだ昔の人の知恵 202

V 植木職の今日と明日

百まいて十残る仕事 206
四季とともにある職業 208
個性を見抜き個性を生かす 212
経験を通して勘を養う 217
一服する時間にできたこと 221
美しい仕事ほど効率がいい 224
一つひとつ扱うものがみな違う 226
なぜ次の世代のことを考えなくなったのか 230

仕事には大きいも小さいもありません　234
消えていく植木の職人たち　237
植木屋の今日と明日　240
聞き書き者あとがき　246

聞き書き　塩野米松
テープ起こし　大野智枝子

桜のいのち庭のこころ

まえがき

私の住んでいる京都市右京区山越《やまごえ》というところは、京都とはいえ市街地の西の端に近いところです。家は広沢池《ひろさわのいけ》のすぐ前。家の前の道を西に行きますと、清涼寺《せいりょうじ》、大覚寺《だいかくじ》、祇王寺《ぎおうじ》、化野念仏寺《あだしのねんぶつじ》などがあり、嵯峨野《さがの》の名で知られているところです。少し東には御室仁和寺《おむろにんなじ》があります。私らの住む一帯はもともとは仁和寺の御領内《ごりようない》でした。

ここらは平安時代には天皇や貴族の方々の狩猟の場所だったこともありまして、そうした人たちの山荘や寺院が多くあります。はやい話が京都の里山のようなところです。

私の先祖は早くからここに住み着いて、領内の百姓として暮らしてきたようです。そのうち、しだいに植木や庭をやるようになって、今に至っております。私の家は昔のままの古い茅屋根《かややね》ですが、いっこうに変えようとは思っておりません。

古いものが好きだとか、粋狂でそう思うのではなく、これが本来の日本人の暮らし方だと思うからです。

この古い茅屋根の家には、いつも少なくとも三世代の家族が同居しております。祖父母、父母、そしてその子供たち。時には父の兄弟たちもおりましたし、ひ孫たちが一緒になることもあります。ここには、少なくとも二百年の時間がありま す。じいさんが孫に話してやるにしても、自分の祖父から聞いた話を伝えるからです。その話のなかに、すでにもっと先から伝えられた習慣や生活の話が残されておるのです。

私のところは、今は植木や造園を業にしておりますが、この仕事は自然や季節を相手に、木々や草花を育てることです。世の中は機械化が進み、住む家や環境が大きく変わったようですが、自然を相手にする仕事ではそう変わるものではありませんし、変えようがないのです。もしかしたら、変えるということ自体が滅びるということかもしれないと思っております。子供のころの記憶が大人になっても残ってその人の考えを左右するように、生活のなかにも先人たちの記憶というのがあるように思います。

私らのようにこうした場所、こうした家、こうした仕事をしておりますと、生活のなかに残された記憶というのは大事なものだと考えるようになります。庭や街路樹、公園作りを手がけるなかで、高度経済の成長以来、まったく変わってしまったこの国の人たちの考え方や生活ぶりが、これから先どこに行ってしまうのだろうかと心配しております。

このことは今に始まったことではなく、祖父の時代にも、父の時代にも感じていたようです。二人とも桜狂いと呼ばれるほど日本の桜を愛し、その保存のために老後の多くの時間を費やしておりました。それは日本の自然がすでに窮地に陥っていると感じていたからでした。その桜狂いは私にも伝染したようで、時間を見つけては各地の桜を見て歩いております。

そこで見られるのは、こうした木々を残してくれた祖先たちの苦労と自然への感謝の心、畏敬《いけい》の念です。しかし、こうした自然も保護が大きな声で叫ばれるほどに荒《すさ》んできております。嘆いてばかりいてもしかたがないのですが、時間の流れというのは止めようと思っても止まるものではありません。

国際化という時代の流れのなかで、故イサム・ノグチ氏と共同で、日本庭園を海外へ紹介したり、造園、修復を手がける仕事もしてきました。海外の庭や自然への考え方を見るにつけ、かつての日本人の自然観をうつした庭や桜の文化が消えてしまうことが惜しまれるようになりました。

そんな失われていくものへの郷愁や、残そうにもどうしようもないことへの腹立たしさもあって、庭や植木、桜の話を通して、少しでもかつての日本人の暮らし方や考え方を紹介できればと思って、請われるままに話をしました。

庭や一本一本の木について、もう少し詳しくという希望もありましたが、庭や木というものはひとつとして同じものはないのです。それをひとまとめにして話すことができるほど、簡単ではないものですから、実際の庭作りや植木の方法についでは話しませんでした。その元になる、心がまえや自然観のようなものを汲み取っていただければ幸いです。

なかには一人勝手な思い込みも多々あるでしょうが、間もなく七十歳を迎える私の偽らざるところです。話し言葉のままですので読みにくいところもありましょうが、何卒、ご勘弁のほどを。

平成十年三月

佐野藤右衛門

I

京都山越と植木屋・植藤

十六代目・佐野藤右衛門

佐野藤右衛門《さのとうえもん》です。

うちでは代々跡目を相続するものは藤右衛門の名を継承することになっております。いちおう、わしは十六代目ということになってますな。戸籍上の名前も佐野藤右衛門です。

佐野藤右衛門というのは、父親が亡くなったときに襲名《しゆうめい》しました。前のわしの名前は「輝一《きいち》」というんですわ。一番に輝くんですが、名前負けしてしもうて、とうとう輝かんようになってしまいましたわ。でも、もうその名前は戸籍にもないんです。

襲名は家庭裁判所へ行って審判を受けるんですわ。一族の了解と一族の判子《はんこ》を全部もらって、協議書をつくって「こんどはわしがこの名前を襲名します。ほかの者は異議を申しません」というのを家庭裁判所へ出すんですわ。そこで審判してもろうて、裁判所で判子をもろて、それを区役所へ持っていくんですな。そして、前の戸籍が消されて新しい名前になるんです。

名前が変わったその当初は、どういうのかな、継がないかんなという気持ちと、なんや違和感があるのと、照れくさいのとがごっちゃになっていましてな、とくに人に呼ばれるときに照れくさいんですわ。

それに名前を継ぎますと、親父と最低同じ線におらないかんなという気持ちにもなりますな。「こんどの藤右衛門は、前の藤右衛門さんと違うねん」て言われたらかなわんしね。やっぱりその線に踏み留まるぐらいの努力はせないかんなと思いますわ。

植藤《うえとう》というのは、植木屋の藤右衛門というだけのことでしてね。昔から植藤といいますのや。今は植藤造園といっとりますが、造園とついたのは戦後の話で、それまでは、もうただ藤右衛門はん、藤右衛門はんという通称で通ってました。

人の名前がついているということは、家や受け継いだものを崩《くず》すなということですな。それを背負わされとるわけです。しかしそれもなかなかむずかしくなってきましてな。そういうふうに前の代から受け継いできたものをつぎの世代に継いでいくのがむずかしゅうなってきたんです。そうした話を交えながら、植物のことやながいこと庭作りしてきてますんで、そうした話を交えながら、植物のことやら、庭のことやら、桜のこと、おじいさんや親父から教わったこと、わしらの暮らしぶりなどを、ぼちぼち話してみますわ。

代々仁和寺に仕えた百姓ですわ

わしが起きるのはだいたい五時半から六時のあいだですわ。まず朝起きて、竈《かまど》に火をつけて、御神灯をあげて、桜畑を一番に歩きますわ。ちょっと勢いの悪い木を見つけると、そこに小便をしてきますのや。

散歩から帰って、それから自分の部屋のまわりをごそごそして、落ち着いてから飯を食いに行きますのや。孫が学校へ行っているものやから、できるだけそれに合わして飯を食うようにしています。

わしのとこでは、代々ひとつ家に、祖父母、父母、その子供と三代が住んでおりますな。わしが子供のころは、おじいさんが孫であるわしたちの子守りをしておったんです。親は働かないかんから、外へ行きますでしょ。それで、おじいさんが家におって孫のお守《も》りをするんですわな。

一軒の家に三代おりますと、この家には二百年という時間があるわけですわ。今でいいますと、わしら夫婦と息子夫婦、その子供がおりますから、わしが孫としゃべったかて、極端なことをいうたら、毎日七十年のことが凝縮した会話になりますわな。わしは、また親父から聞いておるから、それにまた何年か足しますわな。そのうえ、わしはおじいと一緒におったのやから、おじいからわしまでの七十年と、さらにおじいのおじいさんまで七十年を遡《さかのぼ》りますわな、それを足すとね、二百年ぐらいのことはわかりますわ。それを孫が吸収しとるのやから、なんぼ世の中がどんどんどんどん新しいなってきても、こういう古いところに住んどったて、文句をいいませんわな。

生活ですから、まったく変わらんということはないんですが、電気製品を今までよりも多い目に使うということはあっても、すべてがそうではないですなあ。昔からのやり方や暮らし方は残っとります。

こういうふうに、何世代かが一緒に暮らして、順に仕事を継いできてますと、何かを教えてもらうということは、まずないですわな。「植木屋はこうあるべきやから、こうせい」という教え方は何もしませんわな。ずっとやっていることを見とって、ああ、あれはああするのかな、これはこうするのかなというふうに自然に覚えていくんですわ。それをずっとやっているだけですわ。

わしんとこは、十六代前から植木屋だったんじゃなくて、もともとは百姓ですわ。

ここは御室《おむろ》の仁和寺《にんなじ》領《りよう》で寺領なんです、昔はぜんぶお寺の土地だったんですわな。それがお寺への貢献度によって、明治維新で個人の私有財産が認められるようになったときに、お寺から買い求めたり、無償で払い下げてもらったりとかしたんやと思います。

造園といいますか、植木屋、庭をいじるのを専門の職業としたのは、わしで五代目です。それまでは仁和寺に仕えながらの百姓です。このあたりは田もでき、畑もでき、藪《やぶ》もあり、山もありで、恵まれていたんやね。それで百姓をしながら、空き地に種をまいて苗木をつくっておったんやないやろか。ほかに畑と山のあいだには茶畑がずいぶんあったらしいですわ。お茶というのは霧が発生しないとできへんものやから、ここらはよかったんですな。

この茅屋根《かややね》の家は昔のまんまの百姓屋ですわ。昔は南側が表で、ちょうどそのあたりが厩《うまや》でした。馬というのは人間より偉いさかい、玄関におりましたわな。家族の一員みたいなものやからね。厩からこっち側にいろいろな道具を置いてましたわ。それから向こうがお茶の焙炉《ほいろ》小屋《ごや》ですわ。そこで摘んだお茶の葉をみな蒸《む》して手で揉《も》んでつくったんです。戦前は、その形態がずっと残っていましたな。その向こう側に大八車《だいはちぐるま》やとか、そういうのをみな入れて、一番外側に鶏小屋があった。風呂と便所は昔はみな外ですわ。あの竈《かまど》やなにかは、多少形は変わったりしとりますけど昔のままです。それからこの家の軒が深いのは、籾《もみ》を取り込んだりせないかんからそのために深くしてあるんです。

ここらはみんな仁和寺領の百姓やったんですが、なかには庭仕事の得意な家というものもあるわけです。そういうものがたまたま御室の庭の仕事に携わっていたんですわ。百姓をするものやから体力はありまっしゃろ。それで、そういう仕事に携わっていると、徐々に徐々に自然にやり方というのか、技術を覚えていきますやろ。そうすると、だんだん器用になってくるし、どこかの町家から頼まれても、便利なだけにチョチョッと手伝いに行ったりなんかしとったみたいですな。そうして、だんだん、だんだん造園屋の形態になっていったんですな。わしんとこはそんなふうにして植木屋になったんでしょうな。そうやって町家の仕事もやるようになったのは、おじいさんの代ぐらいからですわ。それ以前は、御室御所一本やからね。

明治維新が終わってから財閥ができてきて、そういう人たちが京都に別荘を持ちましたのや。そのころになると、うちでも基礎の技術ができていたものやから、こんどは芸術性とかその人のセンスによって、うまいことやっていったんですな。京都の場合には、お手本がいっぱいあるものやから、必然的にそういうことができるようになったんと違いますかな。

昔は、本当の庭師というのは、京都の町の中にしかおらんかったんですわ。それの一番代表的なのが小川治兵衛《おがわじへえ》さんですわな。あの方もやっぱり東山に別荘地がずっとできたものやから、うまくいけたんやと思うんです。うちは初めはこのへんから材料の供給をやっていたんですわ。もともと百姓やから土に馴染んでおるからね。あちこちの庭を手伝いに行くときは、庭師や施主がこういう木がほしい、こういうふうに、ここに植えたいといわれると希望された木を探して持っていったり、施主自らが探しに来たりしたもんです。それでだんだん好みのものや、手ごろなものをつくるようになっていったんでしょうな。

仁和寺の花見のところの茶店の権利を持っているのは今は仁和寺の前にいる者と、昔から燃料を供給していた者と、材木を入れていた者の三軒だけです。茶店の権利をもろうた人たちが、溜め置きのトイレから、花が終わったら下肥《しもごえ》を桜にまいて、桜を維持管理していたんですわ。その昔は仁和寺領の者はみな百姓なもんやから仁和寺に手伝いに出たんです。そして、近くの者が掃除やとかちょっとした手入れやとかはしょっちゅう行ってしとったんですよ。

ですから、うちは仁和寺の植木職というよりも、もともと人足なんですわ。みな人足で、たまたま庭の係というか、そっちのほうを主に手伝うていたから、自然に植木屋になっただけのことで、お抱えとかそういうものとちごうて、いわゆる寺領の住人なんですわ。だから、貢献するなり手入れをしに行くのは当たり前のことやったんです。

わたしらは、昔から、やっぱり「仁和寺さん、仁和寺さん」ていいますわな。みんな「さん」をつけます。やはりお寺というものが一番大事やったさけね。

それで仁和寺さんが母屋の修理やとか営繕《えいぜん》やとか、何かせなならんときには、うちでも分家の手伝いをみな連れて行ったんですな。仁和寺からも用事があるときには、何人出てこいというて、うちからもそれだけの人を出していたんですわ。そういう指図をする棟梁《とうりょう》みたいな人が、坊さんのなかにおったんです。

庭係というか、昔は、「イシタテ僧」というのが、おりましたんでね。はよう言うたら、作事奉行《さじぶぎょう》的なものですわ。今はそういうのは、もう何もないんです。お寺も、いわゆる株式会社みたいな形態ですわな。

本願寺さんのところに、おじいさんが行ったのは、仁和寺さんとの関係やったと思います。両方とも皇室の関係やからね。仁和寺さんのほうにいい職人がおるから、まわしてくれということだったんやないですかね。

植木職人としては、専門的にやるようになったのは、江戸時代ごろからとちがいますやろかな。元は百姓、それで今は植木屋ですわ。

十六軒の植木屋のある山越

ここの住所は京都市右京区山越《うきようくやまごえ》というんです。古くからここに住んでおるんですが、どれぐらい古くから住んでるのかはようわかりません。菩提寺《ぼだいじ》で聞いたり、過去帳を見ましても江戸時代の初めにはここに住んでいたことだけはわかるんですが、それから先は寺が火災に遭《あ》ったとかで書類が残っていないんです。

このあたりは竹藪《たけやぶ》があって、茶畑があって、畑があって、田んぼがあったんです。山越というのは、小高い山というのか、丘でない山というのか、そういう地形です。

お茶畑は自家用というか適当に自分の家のものをつくって、あまったものは、西のほうにお茶を扱うているところがあったんですが、そこが農家から集めては、またどこかへ持っていっておったんです。

昔は広沢《ひろさわ》の池の真ん中までが仁和寺領やったんですわ。西側が大覚寺《だいかくじ》領で、南に行きましたら太秦《うずまさ》領なんですわ。このあたりは、もうほとんど植木屋ばっかりです。古くからの場所ですから、なかなかむずかしいしきたりがあるんです。

古くからある祭りの話をしたら、山越がどんなところか少しはわかるかもしれませんな。

明神講《みょうじんこう》の祭りには、鉾《ほこ》を預かる鉾宿《ほこやど》というのがあるんです。ここの氏子は十六軒やから、十六年に一回、鉾宿というのがまわってきますのや。鉾宿では一年間神棚を預かります。

もし、その鉾宿で喪《も》が出るとしますと、飛ばしてつぎの順番へ持っていくんですわ。喪が明けた一年後にまた戻ってくるんです。喪のあいだは神事はいっさいいけませんのや。氏子で喪が出た家があると、ただちに鉾宿へ連絡が入るんですわ。そしたら鉾宿のものが一番に飛んでいって、そこの神棚をみな封印しに歩くんです。ですから、ここらでは死んだからとゆうて、内緒でお葬式ということはできません。死は村全体にかかわることなんです。鉾宿の者はいっさい葬式にタッチしませんしな。そういうしきたりなんです。

十六年ごとに来る鉾宿は、その家一軒で祭りの食べものやら何やらみな責任を持って用意するんです。祭りが終わると、「ゴエン」といって、すべての勘定を、祭りの明くる日にするんです。そして、そのときに、つぎの宿へ送るんですわ。つぎの宿の人が福王子大明神《ふくおおじ》という掛軸を前の日に取りに来て、祭壇をつくって待っておって、それから送っていくんですのや。御輿《みこし》の通るところに「お呼び竹」というて、御幣《ごへい》と榊《さかき》をぶら下げたごっつい竹を立てておくんです。御輿が通る道すがらの目安みたいなものですわな。

祭りがすんだら、その竹をはずして入札するんです。みんな農家やから稲木の少ない人が入札で落としていくんですわな。一本で一打というんです。

だから鉾宿を預かっている場合には、さまざまなことに気をつけますわな。火事を出したらかなわんとか、長持ちに明神さまを置いておいてネズミにやられたり、傷めたりしたときには、みな帳面に書かれますからね。そういう出来事を書いた帳面があるんですわ。ネズミが中へ入って巣をつくってしょんべんしていたとかね、修理したことは、どこどこの家の鉾宿のときに、どんな修理をしたかをみな書いておくんです。

平成十二（二〇〇〇）年に明神様の千百年祭をせなあきませんのや。記載は千百年前まではないですけど、ずいぶん昔から、細《こま》こうずっと書かれていますわ。平成十二年が村の千百年祭。京都というところはそういうところなんですわ。

そやから、ついうっかりということができませんのやね。この町内ではやんちゃはできてもワルは育ちませんのや。村のもん、おたがいが管理しますやろ。病人とか虚弱児はしようがないですよ。しかし、ワルはまずおりません。おたがいにセーブしながら、またおたがいに煽《あお》りながらずっと続いておるんですわ。

十六軒、同じような職業で、造園業をやっていると、各家ごとにそれぞれ得意技というのがあるんです。木をつくるについても、どこは松をうまいことつくるとか、どこは梅だとか、それはありますわ。そして、小仕事のうまい者とか、荒仕事のうまい者とか、それはその時代によってもまた変わってはきますけども、得手不得手もあれば、器用な者も鈍なやつもおるしね。

ですから、仲間のうちで誰かが大きい仕事を受けた場合は、「ちょっと助《す》けてくれ」というて、「助けあい」があるんです。そういうふうに仕事もこなしてきたし、ワルも出さず、やって来たんです。村というのはそういう助け合いの共同体やったんです。そうやって、ここら一帯で植木屋をやりながらずっと来たんですわ、山越というのはそんなところです。

おじいさんに育てられた少年時代

こんなんで、山越にある植藤《うえとう》という家にわしは生まれたんです。そこで、育ったわしが植木屋になるまでのことをちょっと話しましょか。

生まれたんは昭和三（一九二八）年。きょうだいは八人でわしは二番目。上は姉なんですわ。わしは長男やから、一番大事にされますわな。やっぱり長男が跡を継ぐ形というのはありましたな。いわゆる家督相続やからね。

あのころの家の家族って何人おったやろ。おじいさん、おばあさん、両親、それに叔父、伯母がいますやろ。住込みが二人ないし三人はずっとおったしね。昔でいう女衆《おなごし》がやっぱり一人ないし二人はおりましたからな。だから全部で十四、五人ぐらいですかな。

うちはみんな一緒にご飯を食べたもんです。食べるものもみんな一緒です。男衆とか女衆とか分けたテーブルはなかったね。うちのおじいさんは、風呂は男も女も限らんと、手の空いたもんから入れというんでしたわ。かりに十人おって、一人十分入ったかて、最後の者は百分後になる。そうだったら最後に入るもんが大変やというんですわ。それで、冬やったら、風呂は温《ぬる》うなる。また焚《た》かんならんと。手の空いたもんから順番に入っていけば、焚かんでもええし、またうまいこと入れるというんですわな。おじいさんは偉かったと思いますな。開けていたというのか、感覚がやっぱりだいぶ前へ進んでいたんですな。

そういうおじいさんでしたが、仕事とかそういうことになってきたら、それはきびしかったですね。わしはいつもおじいの横におったし、必ずおじいとしか寝てへんかったからね。親と寝たというのも、母親に抱かれとったゆうことも、全然知りませんわ。なにしろわしがやんちゃなのは、おじいさんの影響ですわ。おじいさんのところにおったら親父に絶対怒られへんのやから。一番の安全域はおじいのところですわな。親父を怒るのやから。

わしはおじいさんとおばあさんに育てられたんです。気がつくと、いつもおじいとおばあがいたさけね。三代一緒やったら、おじいさんたちに子供は任せて、親は一生懸命働く。それで子供が大きくなったら手ごろなところで手を引いて、孫の世話をし、好きなことをする。こういう生き方が、昔はふつうやったんです。おじいは六十一歳のときに死んどるさけ、そのときわしは小学校の二年やったと思いますわ。

おじいさんは、もうそのころは仕事はしいひんで、親父が継いでおったんです。ちょうど今のわしと息子みたいな状態ですわ。おじいさんが桜のことをやっているのはわかっとるしね。それで、親父はやっぱり自分の仕事もなんぼかしていたと思いますわ。

わしはまだ小さいからつねに側《そば》にはいるけども、おじいさんがどんな仕事をしてたのか、そんなもんは全然わからへんね。仕事は親がするもんやと思うてました。

姉は、手伝うていかなあかんから、やっぱり母親のほうへいってましたわ。あのころの女は、もう死ぬほど子供を産んでいきよるのやからね。わしらは八人きょうだいやから、そやから、姉はどうしても母親の代わりをずっとしてましたわな。妹とか弟たちの面倒をみたり、飯の段取りやとかね。姉とわしとは年子です。弟とは二つ違いかな。その後も、そんな調子でずっとおったさけね。

弟も、いつもおじい、おばあと一緒やったね。それで晩に寝るときでも、おじいを真ん中にして弟とわしと寝てますやろ。おじいを自分のほうへ向かせたかったから、「こっち向け」と言って耳を引っ張って。そんなことばっかりやっていましたな。今は、弟は分家して植木屋をしています。男の兄弟は二人だけです。あとはみな女です。

小学校は、御室《おむろ》の仁和寺のちょっと向こうに御室尋常高等小学校というのがあったんですわ。一緒に学校へ行くもんが近所にいっぱいおるんですが、わしだけはおじいがおらなんだったら、行けへん。どうしようもなかったんですわ。あのころは、うちから表へ出たら、二キロぐらいまでは家も何もあらへん山の中です。竹藪の中をずっと抜けて行ったのやからね。なにしろ学校まで子供の足で一時間かかりましたわな。だからわしは、いまだに山の中を歩くのはどうってことないですわね。

小学校を卒業したら、わしらはこういう仕事やから、京都の農林学校へ行ったんです。こういう職業のもんは、ふつうの中学校とちごうて、そういうとこへみな行きました。そこへ行って、ちょうど三年生ぐらいからか、戦争のせいでおかしくなってきたんですわ。動員に行くやつやとか、ぼちぼち志願してでも出ていかなあかんしね。あのころ、何らかの兵役にかかわっていなんだら、間に合わん男やとかいわれて男として恥ずかしかったしね。全体がそういう雰囲気でしたわな。

あのころの旧制中学には軍事教練がありましたやろ。それに合格をせんことにはすべてあきませんのやわ。それで卒業するときには「下士官適任者」というのがありました。それだと軍隊へ行っても、下士官のところまでポンと行けるわけですわ。上等兵以上ですわな。そやから軍事教練だけは、みんな真面目にやりましたわ。新兵にいって、二等兵からやったらいじめられるに決まっておるのやさけね。ちょっとでも上へいったろて思ったんでしょうな。

農林学校のころ、親父は植木屋をまだ続けていましたね。まだ職人も多かったしね。そのうちに、一人減り、二人減りしていったんですわ。みんな兵隊に引っ張られていくからね。それでも、あのころは除隊して、また戻ってくる人やとか、わりにうまく入れ替わりはできてました。みな近辺の農家の人がほとんどですやろ。

このへんは、そう大きな百姓やないから、農業収入だけではいかんというので植木屋になったり、左官屋になったり、そういう人らで職人が支えられていたんですわね。あのころは子供が少のうても三人、ふつうの家庭で五人ぐらいでっしゃろ。そうやって適当に、自分に合う職業にみな就《つ》いておったね。

今のように固定した職人ではないけれども、仲間がまとまって動いてました。ボスがおって、うまいぐあいに、それぞれの合うとこへ、そのボスが振り分けてましたわな。おたがいに性格をよく知っておるからね。それで、おまえやったら、あの先や、おまえはあそこへ行けと、うまいことできとったんです。

当時、植木の仕事は、まだ財閥関係の庭が多かったですわな。ですから、庭に限らず家の普請《ふしん》から修理から、みんないろいろなグループでおこなっていたんです。いわゆる下職みたいなものですわな。幼なじみやったり、仲間ですからおたがいにうまいことやってきとったのやからね。組みたいな組織やないんです。自然にそういうものができていくんですな。一つの塊《かたまり》とかグループとかでなくて、おたがいが「なあなあ」で、うまいこといきよったんですわ。

私らのときは、小学校を出ましたらどこなと中学へ行きましたな。小学校を出て仕事に就いたのは三割ぐらいかな。その人らも高等小学校へ行きますわな。それで、高等科へ行くと、今のちょうど中学二年になるぐらいになるんですかな。それを終えて職工とか、そういうとこへ行きましたな。

急性肺炎で見たあの世の入口

このへんでは十五歳になったら青年会というのに入らないけませんのや。そこでは親子とは違う会話とか雰囲気ができますわね。青年会は上が四十歳までやったですわね。

それからこのへんでは講が三つあるんですわ。地元の祭りの明神講《みょうじんこう》と愛宕講《あたごこう》と、それから伊勢へ行きます伊勢講《いせこう》ですわ。伊勢講には若い者がみな代参というて行くんです。愛宕講というのは地域の講です。山を登らないかんからこれも若い者が行くんですのや。

それと、「朮詣り《おけらまい》」というのがありますやろ。祇園《ぎおん》の八坂神社の火縄《ひなわ》をもらいにいく。そういうときに、いろいろな段取りを覚えていくんですわ。それから盆になると、こんどは地蔵まわりというのがあって、京都の六地蔵をずっとまわってお札さんをもらってくるんです。

この地域の若者講というと、多いときはだいたい三十人ぐらいですかね。気心の知れた人たちばっかりがかたまっておるのやから。それでも上下関係はきっちりしているんです。それはもうきちっと。だれでも入ったときは、仕事は燗番《かんばん》ですわな。酒の燗をする燗番ばっかりで。それも、いわゆる人肌《ひとはだ》とか熱燗《あつかん》とかいいますやろ。あの人のところへ持っていくときには人肌にせないかんとか、この人にはちょっと熱めにせないかんとか、そういう燗番をはじめとして、いろいろなことを覚えるんです。

初寄り合い、正月に寄るのはすき焼きに決まっておるから、野菜類はほとんどみな自分のとこにあるものやからいいんやけど、焼き豆腐何丁、肉は何貫目、それから糸こんにゃく何ぼとか、そういうものはみんな若いもんが買いに行くんですわ。でも二年目になってきたら、新しく入ってきた下の者に「おい」って言えるさけね。それが兵隊にいきますやろ。若者講と同じようにみないきよるから、軍隊に入ってもどうもないいんですのやね。

おじいさんが亡くなると、植木の仕事は、こんどはわしが親父について覚えるんやけど、戦争がきつうなってきたからそういうふうにはいかなんだんですわ。あの時代というのは、ほんまにもう出鱈目《でたらめ》やったからね。それは酷《ひど》いもんでしたから。そやから、ずっとまともな人生を歩んでいませんな。

時代が悪くなったのは昭和十八（一九四三）年ぐらいですかね。そやから、もうまともに学校へ行ってませんのや。英語の科目がなくなりましたやろ。いわゆる敵性語というてね。同級生も少なくなってくるしね。ぼちぼち予科練へ行くやつやとか、それから動員されたまま帰ってきやへんやつやとかね。そうこうしているうちに、短縮というて五年での卒業が四年になりましたわ。

それで四年のとき、学校へ行ったら、朝礼の時間に、四人ほど呼ばれて「おまえらは、何月何日、何と何とを持って何時何分に京都駅へ集まれ」ということでした。ゲリラ隊をつくるという。当時、満州に義勇軍とか開拓団とかが行ってたんですが、それを守るゲリラ隊の小隊長ということで訓練のところへ放り込まれたんですわ。昭和二十年の一月十日ですわ。わしは、そのころ、やんちゃでね。体力はそこそこあるし、ずば抜けて賢いこともなかったけどアホでもない、ただ判断力があることで選ばれたんですわ。

　訓練は茨城県の内原《うちはら》。そこの養成所で軍事訓練と百姓らしいことをやりました。訓練期間がだいたい二カ月間なんですわ。やっぱり裸足の訓練で、夜の夜中に叩き起こされたり、もうそれは大変でした。数えの十八歳で小隊長やからね。二カ月間で訓練と講義を終えて、また学校へ戻って、それから部隊に配属になりますのや。正規の軍隊と違うから。正規の軍隊が動くときに紛れ込んで行くんですわ。わしらは京都やから福知山の第二十連隊に配属になっておったんです。それで船が舞鶴《まいづる》から出るか出んかというてるときに、風邪を引いたんですな。それが三月ですわ。それで急性肺炎になってしもうて。あのころの急性肺炎というと、もう命取りになりますしね。

　そのときにはじめて、あの世の入口を見てきたんです。夢の中で一生懸命、愛宕さんに登るんですわ。坂道を登るのやからえろうて、えろうて。高熱がずっと続いて、息ができへんのですわ。もう、ずっとうなされていたらしいさけね。そうして愛宕さんの頂上まで行って下を見たら、紫とも赤とも黄色ともつかぬ、ものすごうきれいなお花畑があるんですわ。向こうには虹がパーッと見えてね。あんなにきれいな色の虹はいまだに見たことがないね。なんとか愛宕さんの頂上まで登ったんやから、そこからそのお花畑めがけて飛び降りようとしたんですな。そのときにはもう親戚をみな呼んで、お線香を上げて、何やらやっていたらしいですわ。母親が叫んで、わしの頬っぺたを叩いたりなんかしたらしい。それがものすごう気持ちがいいんです。ああ、だれやら呼んどんなあ、行かないかんのかなあというようなことから、フーッと元に戻ったみたいです。それは、もう最高の景色でっせ。なんともいえん気持ちのいいのと、その景色のきれいなんと。いわゆる後光が差している虹色というんかね。

当時はペニシリンも何もあらへんからね。体力もしばらく戻らへんから、卒業式も出たことないね。その三月に卒業やったから、うろうろしているのもいかんし、どこかへ行かないかんというので、京都大学農学部に研究生制度というのがあったんで、高槻《たかつき》にあるそこの農業の研究生になったんですわ。そこの農場へ行っておったら、負け戦《いくさ》になってしもうて終戦でした。

戦後は叔父について植木屋の修業

それからは自分は死ぬもんやと思うておったから気持ちが荒《すさ》んでしまってね。そのときにはもう満の十八歳になっていたんかな。何もかもが荒んでしもうて。わしは農場におったから、わりに食うものには不自由しんかったけど、こんなところにいたってしゃあないわ、家に帰ろう思うて家へ帰って、それからしばらく家で百姓しておったんです。あの時代、植木屋というようなもんは全然でけへんからね。それで、ずっと叔父と二人で百姓をして、手すきのときに木の手入れとかしとったんです。

あのころの百姓は小便取りをずっとやらなあかんのやからね。樽《たる》を積んで京都の千本町に行くんですわ。あの当時の肥料をもらったお礼というのは何で払ったかな。採れたものを持っていくとか、いろいろでしたわ。向こうが金をくれたときもありましたな。それでも五円か、そんなもんとちがいますか。それをだいぶ長いことやっていましたな。昭和二十五（一九五〇）年の朝鮮動乱になってから、日本の景気がにわかに上向きかかったしね。それまではやってましたな。

それでかか（嫁）をもろうたのは何年やったかな、もう忘れてしもたわ。まあ、そのころです。うちのかかはこの山の向こうの高雄の出ですわ。隣村です。やっぱりこの近辺の家では、どんな娘や息子がいるかは、みなわかっているものやさけね。わしがあの娘がいいなというたら、あの娘やったら、まあ、ええがなというようなもんですわな。

仕事は叔父（父親の弟）に教わりました。叔父が現場の段取りもやっとったからね。親父は仕事のことはいいませんわな。ほかの職人と一緒のところへ放り込むだけでね。そうすると、必然的にその人らのやり方を目で見るし、言葉は耳に入ってくる。

そういう叔父や職人のやっていることさえ見習っとったら間違いあらへんかったからね。叔父はここの当主の二番手やから、それはそれなりに職人たちは気を使うてくれるけれども、叔父も仕事の手順、相談事は、古い人に尋ねとったね。この世界、やっぱり経験やからね。そういうなかで見たり聞いたりしながら身体で覚えていったんです。

いま考えましたら、こいつはいいシステムですわ。おじいさんから孫が育って、親父に直接聞きづらいことは叔父に、叔父さんは家老みたいな経験を積んだ職人に物事を聞いてすすめるというんですから。わしもそういう古い職人から仕事の段取りやら、みな教えてもらいましたわ。

その後はずっと植木一筋です。三十代からイサム・ノグチと知り合ってあちこち外国の庭作りに行きましたけど、あの人も亡くなりましたな。一緒にずいぶん外国で日本庭園をつくりました。その後も呼ばれて行っておりますけどな。

今はおじいさんや親父がそうだったように息子に仕事を任せて、わしは桜行脚《さくらあんぎや》ですわ。

それから親父がいつもいうとったのはね、「宣伝も何もいらん」、「声なくして人を呼ぶ方法だけは覚えておけ」というのやね。

これは信用以外、何もないということですわ。広告は金さえ出せば、なんぼでも出せるというんです。出さんでも人が来てくれはるということは信用以外にないいうことや、と。だから人に迷惑をかけるな、人に嘘をつくなというのですわ。自分のできることはしていても、できへんことまでするなという。

たとえば、「どこぞのおじいさんが桜の苗をお宮さんに植えるさけ、くれはらへんか」とかようしいわはりますのや。そういうときは、自分の目の届くところやったらあげてもいいというんですわ。何かのときには自分が行って見て、ちゃんと守《も》りができるというんですわ。でも目の届かんところへは絶対にやるなというんです。それからあまり高望みはするなと、いつも言っておりましたな。

イサム・ノグチと日本庭園をつくる

外国の庭の仕事をするようになったのは、わしが三十代になってからです。きっかけをつくってくれたのはイサム・ノグチですわ。あのころわしも働き盛りであちこちで庭の仕事をしてまして、家でもわしの息子が生まれるころでした。うちの仕事はそのままにして、昭和三十二（一九五七）年だったと思いますが、わしはポイとフランスへ行ってしもうたんです。イサム・ノグチの仕事でした。

何の縁やったか忘れてしまったんですけど、まあ、手伝ってくれということだったんでしょうな。外国に庭をつくる話がそのころから来てまして、親父がやったりしとったんです。それがなんかのことでわしが行くことになったんでしょうな。ものごとのきっかけというものは、そんなものと違いますかな。

あのとき、わしは三十歳やったかな。考えはないけれども、体力だけは十分あったからね。身体でものを覚えとるから、誰と仕事しようと、どこで庭をつくろうと、仕事については、どうということはなかったんですわ。パリにイサム・ノグチのデザインで日本庭園をつくるということだったんですが、あれはだいたい三カ月単位やったね。三カ月行っては帰り、帰ってはまた行ったりして仕上げましたな。

日本から運ぶのは桜と小物だけなんですわ。あとは、もうみな、木でも石でも向こうの植木屋から仕入れたんです。だいたいそうですわ。その国の庭はその国のものでつくるというのが基本ですわ。

設計はイサム・ノグチがしたんです。そのとき彼は五十代ぐらいと違いますかな。アメリカではずいぶん有名な彫刻家やって、日本でよりも外国でのほうが有名だったですな。

あのころ、日本ブームというのがあったものやから、外国でも日本の庭がほしいというてまして、いろいろな国から注文がくるんです。それをイサム・ノグチがやるんやけど、やっぱり行き詰まりよるんですわ。本当の日本人やないからね。親父が日本人で、お母さんがアメリカ人やったでしょ。そのうえアメリカで育った日系の米国人ですわ。

一番最初は、もう喧嘩ばっかりです。考え方が違うんですわ。

それと彼は、のめりこみよるからね。わがままというようなものと違うて、やりかけたら、まわりのことには頓着がなくなる。金銭的にもそうですな。これを今日買うたら、支払いとかそんなことは全然頭にないんやから。そやから、悪う言うもんのほうが多いですやろ。彼のいいとこや、仕事のしかたが理解できへんのやね。

それと、これも日本人の悪い癖で、利用価値がある人だということはみんな知っているんですわ。そやからたかりにいきますのや、ちょっと名前が出て来たもんやからね。それが嫌やったんですな。彼は実際には弟子を一人もつくらへんからね。何をするにも自分だけやから。イサム・ノグチの本当の姿は、みんな知りませんのや。

自分では彫刻家というてましたな。ほかにも家具やとか装飾品やとかインテリアとかいろいろやったし、それもたしかに上手やったけど、やっぱりいいのは彫刻したものですわ。庭もイサム・ノグチにとっては彫刻だったんですわ。

庭をつくるのにも、とにかく土を山に盛って、それから掘りよるんですわ。山を削って庭にしようというんです。だからふつうの倍近くも時間がかかる。そんな土を山盛りにせんで、こういう庭にするのやとわしに言うてくれたら、そういうようにするというんやけど、「いや」といってわしのいうことを聞かへんのや。そうして山を削っていきよるさけ、「あ、これは彫刻屋やな」と思って。考えが違うのやさけ、こっちが折れて、理解していかねばしゃあないしね。

けれどもやっぱりおもしろいやり方というのか、偉い男やったね。わからんことはわしに聞くんです。それははっきりしたものです。木を植えるときには、どうしたらいいのかというて、必ず相談してくれましたから。あの木がいいとか、こういう場合やったら、日本ではどうするのか、と。そうやってつきあうようになってからは、もうずっとうまいことといけるようになったんですわ。

わしのほかにもイサム・ノグチと庭をやるもんがそれまで何人かおったんです。

けれども、みな喧嘩別れしていきましたな。わしは喧嘩をしても、外国まで行ったからには出来上がるまではしゃあないなと思うて辛抱してやったから、それが向こうにもわかったのかもしれんしね。

理解をしあうことで、どこで折り合って、どの道を見つけたらええかというのが、やっぱり大事ですわな。これはただの辛抱と違いますわ。辛抱やったら、いつかパンクしよるのや。理解をしようとするというのか、相手を知ろうとするというのか、それがたがいにあって、それを知ってしまえば押しやすいときもあれば、協力しやすい場合もあるんです。仕事のうえでも、いつも向こうが上やなくて、ものによってはこっちが上へ立つ場合もあるしね。向こうから相談をかけてくるということは、もうこっちが上へ行っとるのやから。向こうがこうしてくれといってくるときには、やっぱりこっちは下になっておるしね。

それで、どうしようというときには、おたがいが協力しとるのやし。たったそれだけのことと違いますかな。イサム・ノグチとはそうやってやってきたんです。

しかし仕事をしてるうちに、なんか通じるんですな。そんなつきあい方やったものやから、事あるごとに呼びにきよるんですわ。

フランスのほかにイスラエルと、アメリカのニューオーリンズ、ハワイでも仕事をやりましたな。自分が行き詰まったら、ちょっと来てくださいと言うて、人のつごうも考えんと、呼びに来るんです。そうすると、ああ、困っているのやったら行かなしゃあないと思って行ったりしとったからね。また、あのころはうちに親父がおったから、仕事のほうは任せて行けたんですけどね。

彼は日本人で間に合うときには日本人になれるんですわ。日本人ではつごうが悪いときにアメリカ人になりよるんです。それは上手にやってました。

ひとつのものをデザイン化する場合、彫刻する場合でも、いつこんな発想ができるんやと、いっぺん聞いたことがあるんですわ。そうしたら、「若いときに考えていたことを今出しているだけや」と言うてね。発想というものは今考えたってできるもんとは違うというんですわ。若いときにいろいろなことをためこんだやつをはき出すだけやというて。わしはこのときやっぱり若いあいだに、いろいろなものを吸収しておかないかんなと思いましたな。

イサム・ノグチとは長くつきあいました。いろんな国で日本の庭を一緒につくりましたし、彼が死ぬまでほとんど一緒におったんですわ。

一九八八年やったかね、亡くなったのは。そのときも二カ月前にパリで別れて、イタリアをまわってアメリカへ帰るというから、「また来年でも」と言うて日本に帰ってきたら、死んだという知らせがきたんです。

彼はいまだによう理解されとらんところもあるけど、たいした人やったですよ。一緒に仕事をさしてもらってずいぶん勉強になりましたわ。この造園という仕事は人に会うて、経験を積み重ねていくんです。

Ⅱ　桜のいのち

桜道楽、桜守三代

桜に熱心になったのはおじいさんの代からですわ。おじいさんは明治七（一八七四）年生まれで、亡くなったのが、わしが小学校の二年やったと思うから昭和九（一九三四）年です。

おじいさんは、日本中、それこそ樺太《からふと》まで渡って桜を探して歩いたんですわ。今みたいに列車や飛行機が自由やない時代ですから、大変でしたでしょうな。簡単な荷物持って歩いての旅です。あちこちを歩きながら、各地の桜を見て、接《つ》ぎ穂《ほ》をもらったり、苗や種を採集してきて、自分のところの畑で育てるようにしとったんです。初めは自分のところに植えるんやなくて、桜の名所作りをしようと模索したらしいんですけど、話がややこしいなって、結局、自分のところで植えようということになったらしいんですわ。そのために、ここの西側を開墾して桜畑をつくったんです。

なぜそういうことを考えたかというたら、木にも寿命があるからですわ。木も生きものですから寿命があるというのは、植木屋やからよう知っているわけです。桜は樹種によってだいたいの寿命がありますが、年を取った木でも大事にしてやれば樹齢が延びるもんですわ。寿命はたしかに延びますが、死なないということはないんです。

日本では昔から桜は大事にされてきましたから、各地に名桜、名木といわれる桜がいっぱい残っているんです。何百年も生きてきた立派な木でも、そのままやったらいつかは枯れますな。枯れたらなくなってしまうんですから、すばらしい花を楽しみたいと思ったら後継ぎをつくっておかななりませんわ。みなさんはソメイヨシノを見慣れてますやろ。あれが枯れた場合、植え直してやれば同じ花が咲くと思っているんやろうけど、ソメイヨシノの実からあの花は出ませんのや。みんな接ぎ木で育てとるんです。

ヤマザクラなんかは種をまくと芽が出ますが、これも親と同じということはめったにないんです。親父がわしが生まれたときの記念に祇園《ぎおん》の円山《まるやま》公園の桜から種を取ってきてまきましたけど、百まいて同じと思われる木は、たったの四本です。あとはまったく違う、その木のおじいさんやそのまたおじいさんやらが持った遺伝子のどれかが出てきよるんです。

それでその木と同じ性質を保たせるために接ぎ木《つぎき》をするんですが、これでもすぐにつくわけやないですわな。だからこれもすぐには答えが出ませんのや。接いでうまくいったかどうかがわかるまでには三年ほどかかりますし、うまくいったと思ってもその後にだめになってしまうものもあるんです。土に合うもんも合わんものもあるから、すぐには答えが出ません。それで苦労するんですわ。

こういう話をおじいさんは本願寺の大谷光瑞《おおたにこうずい》門主さんに話したんでしょうな。大谷さんはおじいさんに、このままでは日本の自然がだめになるから、各地の名木といわれる桜を、できるだけのことをして残すようにといってくれはったんです。それで紹介状やらを書いてくださった。おじいさんが仕事を親父に任せて日本中をまわって歩くようになったのは大正に入ってからだと思います。

大谷さんのところへ報告に行きますと、つぎはどこへ行って来なさいといわれて、行くときは、こういう者が行くから、それなりの待遇をするようにというお墨付きをもろて行ったんですやろなあ。大正時代、本願寺の門主さんのお墨付きというたら、それはほとんど天皇陛下のお墨書きに近いようなものやろうからね。

ここに名桜がある、あそこに桜の老木がある、あちらに巨桜がある、どこぞに珍しい花があるというては休む間もなく出かけたそうですわ。北海道にも何回か行っていますし、東北、北陸、関東、甲信越、関西はもちろん、中国、四国、九州に出かけて行ったんです。

行っても時節が合わなかったり、門外不出というものがあったり、門前払いを食わされたり、役人の手続きが手間取って接ぎ穂がなかなかもらえんかったりしたんですわ。接ぐにも時期がありますよってな。そのときを逃したら一年待たなあかんでしょ。さらに土や何やらが合わないで、接ぎ直さなならんときには三年後、四年後にふたたび行かなければならんわけです。だからおじいさんは、それこそ命がけで各地をまわったんですわ。そうやって、百八十種ばかりの桜を残していったんです。

おじいさんが死んだのが昭和九（一九三四）年八月三十一日、六十一歳でした。

その桜狂いを継いだのが親父です。親父はおじいさんの遺志を継いで、全国各地の名のあるもの、まだ名の知られていないもの、すでに失われてしまった名桜を訪ねて歩いて、接ぎ木をしたり、実生《みしょう》で育てながら跡継ぎを残したり、ものによっては復元さえしたといっておりました。しかし、親父の時代は戦争の最中ですわ。だいぶ苦労したと思いますな。大谷さんの命令でシベリア鉄道沿いに桜を植えるというんで十万本の苗をつくったり、そうしてせっかく植えた苗を食糧増産のため芋畑にするから切れといわれて、泣く泣く焼いたというようなこともありましたから。

戦前は「宮内省御用」ていう鑑札がうちにあったんですが、それを親父は帯に挟んで持って歩いておったんですわ。戦時中ややこしいなって、なかなかあちこち動けんときや、切符が買えんときにはその鑑札は大いに役に立ったというてました。

そのころから御所へ出入りをしてたものやから、宮内省で出してくれたんやそうです。ここは御室《おむろ》の仁和寺《にんなじ》領《りょう》やから、仁和寺からしたら御所は本家ですわな。そういうつながりがありましたんやろな。そういうこともあって、御所の手入れやとかいろいろな仕事が入ってきたんですわ。正式に行くようになったのは親父のときからです。宮内省の仕事として「左近《さこん》の桜」をはじめ接ぎ木で残す仕事をやっていかないかんので、そういう鑑札をもろうてたんですな。

おじいさんの跡を継いで親父が実際に日本各地をしきりにまわるようになったのは戦後、昭和三十年前後からですわ。そのころになりましたら、こんどはわしも仕事に精出しておりましたからな。出かけられるようになったんでしょう。親父が手がけた桜は二百五十種、数十万本になりまっしゃろな。

おじいさんは桜を残し、親父は桜図譜を描かせて残していきました。

それで今、わしも全国を歩きまわっとります。なぜかと言うたら、まだまだ知らんものもたくさんあるし、桜そのものが何であるかということもわからんし、そういうことを少しでも究めたいし、せっかく生きとるのに何かの拍子で枯れるような場合、何とかしてやらんとかわいそうやと思うし。それで現場へ行ってみて、ああ、これはもうしゃあないなと思うときには諦《あきら》めますけど、もしできるものならなんとかしたい、してやりたいと、そう思うんです。けれども、よその者やから口は出せへんし、また一生面倒を見るわけにはいかんけれど、それでも行って見ないことにはね。

いま日本にどんな桜が残っているのか、交通の便がようなったから、それをできるだけたしかめておこうかと思ってつくったのが『さくら大観』と『京の桜』（いずれも紫紅社）ですわ。

こういう本ができたのもおじいさんや親父が道をつけといてくれたからやね。そうでないととてもじゃないけどできませんね。そして、また本業がこういう職業やからわりに抵抗がないんですわ。植木屋やから少しは植物というものがわかっとるからね。

親父が残した図譜でも足りないもんもあります。それはわしが絵を描かせて残しておるんですけどね。おじいさんの代以降で、新しく見つかった桜というたら、そんな何本もありません。わしが見つけたのは二つだけや。でも、ないということはありません。山の中へ入ったら、まだまだあると思います。日本にはやはりまだありますわ。しかし、桜はものすごく奥が深いと思いますわ。わしも日本国中まだまだ全部行けてませんねん。

桜はやればやるほどのめりこむし、放っておけば気になるし、どうしたもんかなあと思うてますわ。金も時間もかかりますしな。本業をやってくれる者がおるから行けたんですな。おじいさんが桜をやっているときは親父が仕事をしておったし、親父が桜をやるときはわしが本業を受け継いでおったんです。それで今わしが出かけると息子が本業をやってくれておる。でも、これが続けられん時代になってきとるからね、今は。つぎは大変やと思いますわ。時代が許さんかもしれませんな。

「桜守《さくらもり》」という言葉を使ったのはおじいさんやないです。人が勝手にいうているだけですわ。本人はそんなこと思うたこともないしね。人が勝手に書いとるだけで、本もタイトルをつけなあかんから、桜守と書いたんと違いますか。

わし、あんなことといわれるの好きやないですな。たまたま桜が好きでかかわっているだけですわ。誰のためでもありません。かかわっていない人よりも、かかわっただけ多少は知っているかもわからん、その程度ですわ。桜にのめりこんでいる人たちは、日本各地におられるんですわ。そういう人がおられるから、その地域の桜がなんとか保たれておるんです。

たまたま、わしらは仕事柄、あちこちに出ていく用事も多いもので、桜があればどこの地区といわずに見せてもらっているんです。別に花時《はなどき》に行く必要もないでしょ。花の後でも生育状況さえ見ておけばわかりますから。そういうもんがおってもよかろうと思ってやってるんです。そうやって、桜狂いしたうちの三世代を足しますと百年ぐらいになりますわ。

シベリア鉄道沿いに百万本の桜を

親父は本願寺の門主である大谷光瑞さんの指示で十万本の桜の苗木をつくっていました。日本軍が勝ちいくさのときに、中国大陸の奥地を通ってヨーロッパまで続くシベリア鉄道を敷こうとしたんですな。その沿線沿いに百万本の桜を植えようと大谷光瑞さんが考えて、その苗木作りを親父に頼んだんです。

その一つとして、親父は京都府船井郡の胡麻《ごま》というところに三万平方メートルほどの土地を手に入れて十万本の桜の苗木をつくったんです。そこは借地でした。借りて苗をつくっていたところへ、戦争中の食糧増産ということで木を植えたらあかんということになって、上のほうにダムをつくって水田にするといっていましたが、それもできなかったですな。それから芋畑《いもばたけ》に変わったんですけど、おかしいなってしもうて、その後、満州から引き揚げた人がしばらく入って来たことがあったみたいですわ。それで桜の木は何もなくなって、今はみな家が建ってますわ。

この家の近くにもたくさんの苗木を植えていました。桜だけでなしに、ほかの木もだいぶ植えていましたね。桜ばっかりつくると、地面がぼけよるさけね。いろんなものを適当にうまくつくって畑をくるくるまわさんとあかんのです。

親父は十万本までは苗木をつくったんです。この十万本はソメイヨシノもありましたが、おじいさんや親父が全国を歩いて集めた優秀な桜の苗です。いろいろな桜がありました。まあ、一番つくりやすいものから多い目にやっていましたけどね。

シベリア鉄道沿いに桜を植えるという発想はおもしろいですね。桜が日本の国の花だから国威高揚をしようというんじゃなしに、美しい桜を通して日本、中国、そしてロシアの親善と世界の平和を祈願しようということだったらしいですな。

あれはシベリア鉄道でヨーロッパまで桜並木にしようという計画やったんやて

いうたんですけど、どのぐらいの幅で植えようとしたのかそのあたりの詳しいことまではわかりませんな。やはりあれだけの長い距離やからね。親父からバイカル湖がどうのこうのということを、子供の時分からよく聞いていました。夢のような話ですけれど、親父は本気でやっていましたな。やっぱりつくっておかんと、急に言われても間に合わへんからというてね。

親父は軍の委嘱の仕事で上海《シャンハイ》に二千本の若木を植えに行きました。あの桜はどうなりましたかね。もうないのと違いますか。残っておれば大きくなっておるんでしょうが。種類はいろいろやけど、やっぱりソメイヨシノが多かったですわ。あのときは、わしは小学校の四年生ぐらいやったかなあ。これらの苗はちょっと離れたところで育てていたのと、委託栽培をさせているところもだいぶありましたね。

しかし、太平洋戦争に入ってからはあきませんでした。昭和十九（一九四四）年やったかな。親父が太秦《うずまさ》の警察署に呼ばれて、食糧増産のための農地の転用命令を受けました。この時期に桜なんか植えているのは非国民、国賊やという人もおったんですな。土地のあるところは少しでも耕して芋《いも》でも何でもつくるという時代でしたから、言い訳はききませんな。それで親父は桜十万本の苗木を植えてあった三万平方メートルの土地を提供することにしたんです。そこにはおじいさんと親父が全国から集めてきた若木や苗木が植えてあったんです。丹精して育てたものやったんです。それこそほんまに優秀な桜が百数十種はありました。

土地を提供するんですから十万本の桜を処分しなくてはなりませんが、そんなたくさんの数はどうしようもありませんわ。そのうちの三万本を各所に寄付し、なかでも三百本の優良種を近くの宇多野療養所に贈り、残りの七万本は切って、根を掘り起こしました。みんな薪《まき》にして燃やしてしまいましたが、さぞかし断腸《だんちょう》の思いやったと思いますな。身を焼かれる思いだったと思います。丹念に丹念に育ててきた息子や娘のようなもんですから、親父にとっては。

親父は『桜守二代記』（講談社）という自分の本に書いていますから話してもいいと思いますが、そのとき自分の大事にしていた、おじいさんと自分が集めてきた桜は残しました。切るのも国のため、残すのも国のためと言っておりました。

百七十五種が描かれた父の桜図譜

親父が残した桜図譜、親父があれを始めたのは、おじいさんがきっかけですわ。おじいさんが始めてたんやけど、死んでからこんどは親父がそれを引き継いで描かしたんです。おじいさんが、自分で集めた桜を絵に描かせるということはぼちぼちやりかけはじめていたんですわ。堀井香坡《ほりいこうは》という絵描きさんなんですけど、おじいさんは昭和九年に死んでいるんですが、残っている絵の中に昭和四年、五年というものもありますのでね。

親父があの桜図譜を完成させるまで絵描きは一人でした。これは一人でないとあきません。感覚が狂うてきよるから。一人といっても描き方は年によって違うんでしょうね、わしはまだほんまの子供やったもので、はっきりわかりませんわ。なかには邪魔くさそうに描いてあるなというものもありますしね。

それから、きちっと忠実に描いてほしいということだったんでしょうな、なかには何でこんなおかしな色なのかなと思うものもあるんですわ。あのころ石灰硫黄合剤という薬がありましたやろ。冬にそれがついていた花をそのまま描いたからですわ。そういうことは絵描きさんはわからへんのやから。

取り上げた桜は、おじいさんが各地を歩いて集めて、ここで穂を接いだり、苗を育てたりしたものです。それは貴重なものでしたわ。その桜を見て描いたんです。百七十五種、全部の花が咲くのを見て一種ずつ描いておりました。戦後、少ししてからも、堀井さんに弟子が一人おったんで、その人にもやりかけてもらったんですが、親父がへたりかけたりして。

もうここまでやって来たんだから、これを本にでもしておいたほうがええやろうというので、出版したんですわ。昭和三十六年のことです。親父はこの桜図譜を出すために山をひとつ売りました。そのころ仕事を受け継いでいたわしは、山を売ってまで、なんでそんなことをせなならんのかと思いましたが、今は同じ桜狂いの道に迷い込んでしまっていますな。

この図譜が出来上がった後の、描かれていない品種ですか。戦後はずいぶんできました。それもほとんど関東で無理してつくっているというのか、人工的につくっているものがあるんです。でもそれらは関西の土には合いにくいのですわ。

桜をやりかけると、一つの花、同じ木でも一つひとつ違うし、それから年によってもみな違いますしね。第一、天候に左右されるから、花のつきが違うし、色が違うし、大きさが違うしね。毎年、どこかが違いますわ。

誕生日に植えた桜の不思議

わしの誕生記念に桜を植えたのは親父です。親父が祇園の円山公園《まるやまこうえん》の枝垂桜《しだれざくら》の種を取ってきて植えたんですわ。今の木ではなくて、先代の桜からです。百ほど発芽したなかで戦後まで無事に残ったのは四本でした。だからこの四本はわしとは兄弟みたいなものですな、一緒の日に植えられたんですから。この四本の親である枝垂桜は明治、大正、昭和と祇園の夜桜として知られてきた名桜でした。いい桜でしたな。

その桜が敗戦後の昭和二十二（一九四七）年に弱って枯れてしまったんです。それでうちにあった四本のうち三本を市に寄付して、円山公園に移し替えることになったんです。

これも大変でしたな。わしが仕事を本格的にするようになりはじめたときでした。市の希望で一本は元の場所に植えたいというんですが、桜は連作を嫌う植物ですし、土の病気やらがついている心配もあったので、トラックで二十台分の土を入れ替えました。当時はトラックが使えませんでしたから、牛車で土を運んだんですわ。

この桜は親父の苦労の種でしたな。その三本のうち、一本は火事で焼け、一本は枯れてしまいました。残った木は同じ場所に苦労して土を運んで植えた桜ですわ。

だけどこの木は評判が悪かったんです。先代の桜の立派なイメージがありますから、貧相やとか、品がないとかいわれましてね。そのうえ、なかなか花をつけなかったんです。花が咲いたのは五年後でしたか、やっと見られるようになるまでに十年はかかりましたな。親父は気にして気にしていました。どこへ出かけても必ず円山公園を通って、ようすを見に行っていましたから。

今はみごとに咲いてますし、ようけ見に来てますやろ。でも親父の苦労を知る人は少ないでっしゃろな。

四本植えて、三本を祇園に持っていって、家に一本残しておいた桜が、不思議なことに親父が死ぬときに枯れたんですわ。

しばらくたってから、ああ、おかしいなあと気がついたんですけどね。はじめ、なんや、これ調子が悪いなあ、どうなったんかなあと思うてたら、親父が、朝、ばたっと倒れよってね。六時ごろやったかな、ちょっと寒いときやってね。それから寝込みよったんですわ、一カ月ぐらい寝込んだかなあ。脳梗塞《のうこうそく》までもいかん、その前兆ですわなあ。そんなことで、だんだんだんだん寝るのが長《なご》うなって。そういう年はやっぱり花もおかしかったですわ、気候とはあまり関係なしに。

それで、親父のぐあいがどうもないときもあったんです。ああ、調子ええわという年は、桜もふつうに咲いているんですわ。ところが寝こみよると、また桜もなんやおかしいなってくる。親父が死ぬ半年ほど前ですか、家にいるよりも病院のほうがええと言うて病院へ行ったんです。そうなると、桜もじわじわじわじわと弱ってきたんです。でもその年はみごとに咲きよった。それでもどことなくちゃくちゃな花でしたわ。

これで、もういよいよあかんぞと言われて、親父が死んだのは花が散った一カ月後のことでした。そのとき桜はまた葉を勢いよく出しよって、ああ、戻ったんかなあと思っていたら、その一カ月後に突然枯れてしまいましたわ。おかしなもんですねえ。

それからは、わしもやっぱり桜をやらないかんのかなあと思いました。それまで手伝いはするけど、桜をやるということはなかったんですけどね。そして桜の木ではなく、桜のついた絵やものに興味を持って集めるようになったのは、それからずっと後、わしの息子が、もう本業のほうを半分以上やれるようになってからですのやわ。

わしの子供が生まれたときも桜を植えましたし、孫の桜も植えてあるんです。祇園の枝垂桜の実生《みしょう》です。うちにあった親父が植えた桜の種を取れば孫になりますけど、親父が死んだときに一緒に枯れてしまいましたからね。わしの兄弟桜はうちにはおりませんのや。ですから、祇園の桜の種を拾うてきて、まいたんですわ。

実生のときには百も二百もまくんです。そのうちまともに生長するのは何本もないですわ。まず芽の出えへんのがありますやろ。その年にもよるけど一割はあきませんわなあ。まあ、うまくいくのは一割から三割の間ですわ。また芽が出てくるけれども、そこで枯れるものがありますやろ。それから三年ぐらいまで育って枯れるのがあるんですわ。十年目に枯れるものもありますし。そのなかから枝垂れる木が何割出てくるかなんですわ。元のタチヒガンに戻ることもありますしね。最終的に残るのは三割ぐらいですかなあ。

親の性質が必ずしもそのまま出るということはないんです。百本あって枝垂れるのは三十本ぐらいです。それの三十本でも色の赤いのが出て来たり、パラパラとしか咲かへんのがあったり、花の加減がみな違います。だから親の桜と同じようになるというのはなかなかむずかしいですわ。それは、桜というのはさまざまな遺伝子を持っている雑種やということなんです。

親父が亡くなったとき、枯れた桜で観音様をつくったんです。このお像は今お寺に納めてあります。まわりの白太《しらた》を全部ほかして、中の赤い肌のところだけでつくった背丈が六尺ぐらいの仏様ですが、重とうて、ちょっと持てません。近ごろ、だいぶいい色になってきましたわ。

観音様にするとも何とも思わんかったけど、ま、何かにはなるやろうと思うて切って置いておいたんですわ。それを坊さんが見つけて、観音様をつくろうというたので、それならそうしようかと。こういうこともやっぱりちょっとしたきっかけですわ。この桜の木、全然芯《しん》が傷《いた》んでいないんですわ。だから何で枯れたのか、わけがわからんのです。ふつうやったら、中が朽ちるとか、何か思い当たるふしがあるんやけど、そんな気配は全然ないんですわ。

親父にいわゆる殉死、後追いしたんかなと、わしはそう思っています。そやから、「今ある、わしがおまえたちの誕生日に植えた桜。これがとにかくぐあいが悪うなったら、俺も死ぬかもしれん。そのときは葬式の用意をしておけ」と言うてあるんです。

桜が教えてくれた木の生かし方

わしが本格的に桜をいじるようになったのは、親父が死んでからです。それは、初めから親父がいうておりました。桜はとにかく親子でするもんやないいて。まずおまえは本業をやれ、と。わしが死んで、そのあと桜をやろうと思うたらやったらええし、やりとうなかったらやらんでいい、そう言っていましたね。同じように、今わしの息子は桜を全然やっていません。桜の木を掘ったり植えたり、これは植木屋の仕事やからやりますけどね。

そやけど、桜は目の前にあるし、わしがやっていることを毎日見ているのやから、そういうことは自然に身につくもんですな。わしも同じでした。親父がやっているのを見ていて、おもしろいと思ったんでしょうな。使命としてやらなならんと思うたことは一度もないですわ。

おじいさんがやっておって、親父もやっていて、気がついたらわしも桜狂いに入っていたんです。それも、やはり桜がそばにあったから自然に手を出したというのと違いますか。横に別嬪《べっぴん》があるさけ摘んだというようなものですかな。

いやいや、桜が別嬪やったというんではなく、側にあって手が届くし、摘みやすかっただけかもしれませんわな。植物の桜だけやなしに、それがなんでかというのはわしにもようわからんけど、桜に関係のある文物やら他のものにも興味がいきますわ。それで集め出すと、どういうものか、集まってくるんです。洋服に凝《こ》る人、車に凝る人、音楽に凝る人、いろいろありますわな。わしは桜に凝ったんですわ。きっかけというのは、たまたま身近にあったとか、見ているとホッとしたからやとか、そんなことやと思うんですわ。

それで、桜に関するものを集めている間に、桜って、こんなものにまで描かれているのかなという発見がありましてな、それなら一つぐらいは持っていてもええかなあが、二つになり、四つになり、八つになってというもんでっしゃろ。そのうえそれぞれの関連性が見つかってくると、さらに深入りしていくということでね。

これもやはり日本という国が長い歴史を持っているからですわな。恵まれた国やと思いますな。歴史が長いから、桜の種類も多いし、それに関連した器やら漆器やら絵やら着物やらがあるんですな。それだけ桜には魅力があるということですわ。ようけありますわ。ここにしかないものもいっぱいあります。おじいさんが集めたものも親父が集めたものも、それでわしがやったものもありますから。桜道楽ですな。道楽は道を楽しんで、極道《ごくどう》は道を極めるのやからね。なかなか極道にはなれまへん。

わしがいろんなことに気づくようになったのは、やはり桜をやりかけてからですね。桜の成長の度合いを見ているときに、いくら人間がやいやいというてもどうにもならんとこがあるんですわ。花を咲かすには遅れていても芽さえできてさえいれば、時期がくれば咲きますし、逆に咲くのを遅らす場合はフレームを入れるとか、日に当てないで長いこと寝さしておくとか、そういうことはできますけれども、人間の力で花の咲く芽をつくることは絶対できませんわね。

人間はできたものを咲かすということはある程度できますわ。でも芽がなかったら、どうしようもないんです。そやから、「ああ、芽が出ん」というのは、もうすべてあかんということですわな。

桜をやりかけてわしの木や植物に対する考え方が変わりましたな。それまでは庭をつくろう、つくろうとしてたんですわ。つくるほうが先へ行ってしもうてね。やっぱりそれでは考えが浅いですわ。急ぐというわけじゃないんですが、とにかくつくろうということだけが先走って考えるんですわ。

生きものというか植物を相手にしているという、そこまでの考えはなかったですな。ただ、季節を見る、時期を見る、これは今いいとか、あかんとかというのは、徐々に覚えていったもんやから、それはそれでいいんですけど、木のいのちとか木の生かし方を自覚して考えられるようになったのは桜をはじめてからでしたな。

というのは、何でもないものを生かすことを考えるしね。若いときはできた木を使うて、自分で形をつくっていくんですわ。できたものを持っていって、いかにそれを組み合わせたらいいかと。ところが桜をはじめてからは、そこらにあるものを何でもええ、持っていって、最終的にうまいこと合わしたらええわ、というやり方に変わってきています。そういう意味でもわしが桜をやったことは大きかったですな。

これは自信というか、やっぱり年の功というのか、経験というのかねえ。たぶん若いあいだはやっぱり馬力だけだったんですなあ。

できるだけ多くの桜が見たいですな

毎朝、桜畑を見まわることは前にも話しましたわな。今どれくらい植わっているかな。本数は実生からしたら何本あるやろう。数万本はあります。全部集めたら親父がやっていた十万本よりはようけありますやろな。

わしは出かけるのも多いけども、できるだけ帰るようにしているんですわ。今は交通手段が便利になったさけね。出かけても同じ道を通るというのは、わりに嫌いでね。生きているうちにできるだけたくさんの桜が見たいもんやから、そうするんです。

東京の行き来には新幹線を使うけど、できるだけ在来線に乗ってみたり、往きは飛行機や新幹線で行きますけれど、帰りはそこからどこかへちょこっと寄ってくるとかね。あこにああいう桜があるから寄ったろといった調子です。でも行き当たりばったりなんですわ。まだまだ知らんこともぎょうさんあるしね。やはりその土地土地、その地方地方の特性がみなあるものでね。その土地の、できるだけ年寄りをつかまえて話を聞き出すようにしています。

やっぱり行って、自分の目でたしかめて肌で感じてこないとあきませんなあ。そこにいい桜があるということは、だれでもみな知っているのやからね。たとえば、この桜がなんで残ったか、疑問な場合もありますのや。こんなところに残るはずがないと思う、以前は土手の上に植わっていたのと違うやろかと聞いたら、やっぱりそうやったりね。農地整備で平らにしたため、それから木が弱ってきたりとかね。そういうことが、行ってみるとようわかるわけですわ。

弱った桜などを見ましたら、かわいそうやなとは思うけど、よその子やから、かまうわけにはいかない。「どうしたらえやろ」と聞かれたときは、「こうしてみなはったらどうですか」ということは言えてもね。よその桜には、わしのほうからかまうわけにいかしません。そのときには、いらいらするけれど、これは、まあ、自分のものと違うと思うて帰らなしゃあないですわな。

日本の桜にはそういう気の毒な桜のほうが今は多いんですわ。というのは、今までは土地の人が楽しんでいたものが輪が広がってしまいましたやろ。あちこちから人が押しかけてくる。それが必ずしも桜のためにはならんわけですわ。それから土地の者の楽しみ方ができないということもありますしね。

実生で育つ山桜、彼岸桜、大島桜

接《つ》ぎ木《き》をする樹種は決まっているんです。

実生《みしょう》でするのはヤマザクラ、ヒガンザクラ、オオシマザクラ。それ以外はぜんぶ接ぎ木でないとあきませんのや。雌しべが退化しておるから。それ以外のものは、そのなかから出てきた変種がほとんどですので、みんな雌しべが退化しているんですわ。雌しべが花に変わっているものとか、葉に変わっているものとか、雌しべが変わるんです。雄しべはだいたい残っているんですわ。

子房《しぼう》や花柱《かちゅう》がないものもあります。これらはもうほとんど退化していますわ。そのかわり花びらが多いとか、なにか変わったところがありますのや。それを見極めんとぐあいが悪いんですわ、ただ接《つ》いでもしようがない。ええところを見つけて、残すのが仕事なんです。ただ実生では残せへんから、接ぎ木でやらんとしかたないのですわ。

台木はほとんどヤマザクラかオオシマザクラです。オオシマザクラは強いんですわ。桜餅の葉っぱをつくる桜ですわな。それだけやっぱり樹勢が旺盛ですわ。

このヤマザクラ、ヒガンザクラ、オオシマザクラというのは、日本の自生の桜です。これも元をたどれば、やっぱりヒマラヤから出ていますわな。もともとヒマラヤザクラというのがあって、それがアジアのほうへ来たんですな。西へ行かずに東へ来たんですわ。桜と一緒に鳥とか昆虫類とかも来たはずなんですわ。鳥や虫が受粉の媒介をしてくれるのやから、いなければ受粉ができませんわな。

それが中国大陸では気象条件がうまいことといかんので、何年かのあいだに絶えてきているわけですわ。気候や条件があったら桜は残ったと思うんです。朝鮮半島には、チョウセンヤマザクラというのがありましてね、ちょっと寂しい花ですな。それでこのヒマラヤザクラが日本に渡ってきたんですが、この国には四季があって、水が適当にあって、そこでたまたま残ったんやと思うんです。ですから日本の桜は、元はヒマラヤが原産なんですわ。日本に来るまでに長い年月をかけてきたんでしょうな。

ヤマザクラ、ヒガンザクラ、オオシマザクラはみな自生です。今あるたくさんの品種は、それからの突然変異ですわ。ヤマザクラ系かヒガンザクラ系かオオシマザクラ系かというのはだいたい花と葉を見たらわかりますわね。どこが違うのかといわれても、むずかしいんですわ。それはちょっと字で書いたり口で言ったりはできません。やっぱり接していかんと、そこがむずかしいところでね。

根接ぎ——桜の接ぎ方

ここで接ぎ木のしかたを話しておきましょか。接ぎ木をするには、なんといっても、これから保存しようという桜の芽（接《つ》ぎ穂《ほ》）と、その芽を育てる台木《だいぎ》が必要ですわな。

台木には、ヤマザクラかオオシマザクラを使います。このヤマザクラは花が咲かず、比較的強い木ですが、わしんところでは今はオオシマザクラを多く使ってますな。

この台木用の木はさし芽（さし木）で育てるのやが、挿し芽をしてから二、三年の新しいものですわ③。

接ぎ穂は、生長のいい新芽が細かくついている枝を選んで、一尺から一尺五寸ほど、まあ、三〇センチから四五センチの長さに切るんです①。古い芽はあきまへん。つかせるためにはできるだけ一、二年の新芽を選ぶことが大事です。切る時期は、ここ京都ではだいたい二月の末から三月の初めごろですわ。

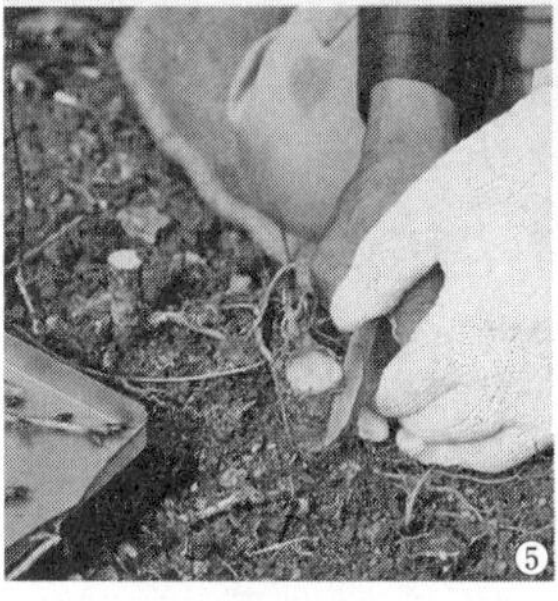

83、85頁の写真は全て「佐野藤右衛門桜コレクション」より

切った接ぎ穂は、切り口が乾かないようにミズゴケなどで巻いて保護し②、日陰の風通しのよいところで一週間ほど寝かします。このとき、切り口を乾かしてしもうたら絶対あきまへん。こういうふうにするから、遠くから切ってきた桜でも、ここで接ぎ木ができますのや。

そうして実際に木を接ぐわけですが、例年だと、三月十五日ごろですわ。これをすぎると、またつきが悪うなりますわな。それから雨もいけません。接ぎ穂や台木が濡《ぬ》れると、これまたいけませんのや。だからおだやかな晴れの日を選んで、かかと二人で一日でやってしまいます。

接ぐ方法にもいくつかあるのですが、わしが多く採っているのは根接《ねつ》ぎですわ。こいつは、まず台木のまわりの土を、上根が出る程度に取り除いてやって、根元から三寸、九センチくらいのところを剪定鋏《せんていばさみ》で切るんです③。一方、接ぎ穂は二つか三つの芽がつくように注意して、二、三寸、だいたい七センチくらいの長さに切ってやるんですわ④。

そうしておいて、台木の切り口を、さらに斜めに切って、その外側の、外皮と形成層の間にナイフを垂直に入れて、切れ目をつくってやるんですわ⑤。接ぎ穂

⑥

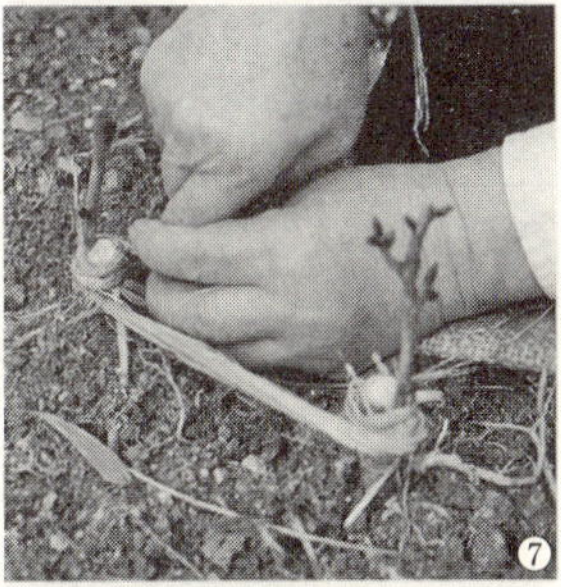
⑦

⑧

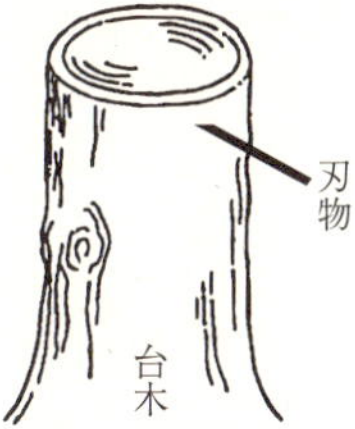
刃物
台木

台木の形成層

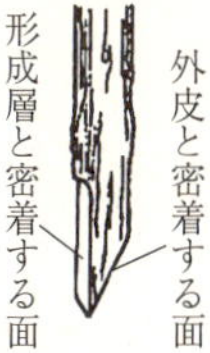
形成層と密着する面
外皮と密着する面

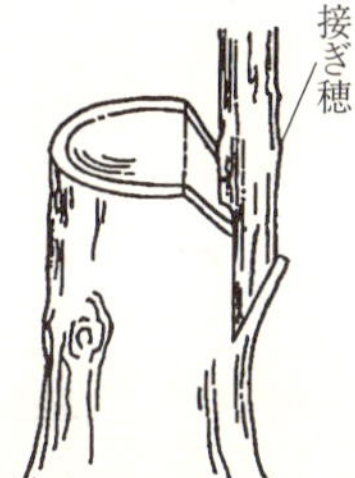
接ぎ穂

のほうも下側を斜めに切ってやって、接いだときに台木に密接するように、台木の形成層と接する面の外皮をそぎ落として、形成層を露出させるんですわな。そうして接ぎ穂の形成層が台木の形成層と合わさるように台木にさしこんで、打ち藁《わら》を巻いて固定させるんですわ（図版と⑥）。

藁で締めるときには、接ぎ穂と台木がぐらつかないように、しっかりと結ぶことが肝心ですわな。それと接ぎ木の作業は、とにかく手早くやらんとあきませんのやわ。わしが木を接ぐと、かかが打ち藁でくる。この呼吸が大事です。二人で、ちゃんとついてくれよ、丈夫に育ってくれよと、心の中で祈りながらするんですわな。それを十二センチぐらいの間隔で順々に接いでいくのやが、くるほうも藁は切らずに、つぎの木、つぎの木と巻いていくんですわ⑦。

最後に、接ぎ木をすませたところから土をかけますのや。これは接ぎ木を動かさないためですわ。そうして、それぞれの接ぎ穂の名札を立てたあと、ビニールシートで覆いをしますのや。これは切り口に雨が入らないようにするためです。でもたいがい一週間ほどで撤去してしまいますわ。

接ぎ木で苦労した兼六園の菊桜

接《つ》ぎ木《き》は、ものによってはわりあいに楽なんやけど、なかなかつかんやつもあります。この接ぎ木にはいろんな問題があってね。まず、どの芽がいけそうかというのを見極めるまでに時間がかかりますわな。それでつぎに、どれがどの台木につくか、そういう台木との相性があるんですが、その相性も見極めなあかん。

つぎは接ぎ芽を切る時期です。これも地方によって、多少違いますやろ。それから接ぎ方ですわな。それをどうするかは、学問的にははっきりしてますわ。形成層と形成層をひっつけたらつくのやから。言葉としてはものすごく簡単やけれど、問題はそれをだれが、どんなふうにするかですわ。

木の相性というのは、人間の夫婦と一緒です。仮に国民が一億二千万として男と女が半々がいますわな。それが何かのときにひっつくわけですやろ。ひっついても離れるのはいっぱいありますわ。それもただ相性だけなんですな。相性さえよければずっと一緒やし、そやなければ、いくら合わせても離れてしまう。それでも接ぐ木が若かったら、勢いがあるからまだいいんですわ。ですけど多くは寿命がそろそろ尽きそうな木を接ぎ木で残そうとするわけです。寿命がわかったような木はなかなかつきませんのや。勢いが弱っておるから。それから、いつ接ぐかということもむずかしいんですわ。なにしろ年に一回しかできませんし、ついたかどうかも時がたってみないとわかりませんやろ。

大変だったのが、石川県金沢の兼六園《けんろくえん》の菊桜《きくざくら》、前の天然記念物です。三百年を越える名桜やというんで、おじいさんが苦労のすえに接ぎ穂を手に入れたのが昭和六（一九三一）年ですわ。この接ぎ木したうちの菊桜が大戦のさなかに枯れたか行方不明になってしまったんです。それでこんどは親父が接ぎ穂を金沢までもらいに行ったんです。なんとかあの桜を残したいという思いだったんでしょうな。それが昭和三十四、五年のことです。親の木がもうあかんという状態やったと思いますわ。親父が苦労して試してみたけどなかなかつかないんです。

それで最後に、「もういっぺん」と言って行ったところ、それだけやってあかんものなら、もう切らんといてくれと言われたんですわ。もう桜自体が弱っていきよるから、接ぎ穂のためとはいえ切ったらなお弱りますわね。それでやめてくれといわれているのを、何とかもう一度だけと頼んだんです。これでつかなければ接ぎ穂を得る望みはない、老衰やと思うて諦めようと。

　そのころになって、やっとわしらでも車が使えるようになったんですわ。とにかくもういっぺんだけということで、朝日が出る、夜露がまだ光っているときに、接ぎ穂を切って、それを口にくわえて京都まで持って帰ってきたんです。口にくわえたのは乾かないようにするためですわ。金沢からここまで口にくわえて、自動車を運転しよった。三月のかかりやったかな。それがついたんですわ。

　三月というのは木が水を上げだすころ、ボチボチ起きようかというときですわ。そのときがつきやすいんですな。あとでこの話を医者にしましたら、人間の唾液には殺菌力があるし、それとホルモン、そういうものが作用しているんとちがうやろかというておりましたな。

　水分をやっていたらええと思うて、それまでも新聞を水で濡らして包むとか、紙に入れて持ってくるとか、新聞紙に包んで胴乱《どうらん》に入れて持ってくるとかはしていましたわね。親父は、いろいろ工夫してたんですわ。そういうことはみなやったんやけど、つかなかった。それで親父は「それやったら、もうとにかく俺と一緒やぞ」というて、口にくわえて持って帰ってきたんですわ。

それでやっとついたんですが、それも十本のうちの一本だけですわ。それを雨が降れば夜中に起きて、ビニールをかけてやったり、虫がつかないように手当てしたり、大変な苦労して育てまして、昭和四十二年でしたか兼六園に返したんです。それほど、接ぎ木というのには相性やとか時期とかがあって、むずかしいもんなんですわ。

接ぎ穂を運ぶ苦労というのも大変なんです。失敗すればそれっきりで、親の木がなくなってしまうということもありますから、何とか持ち帰らないといけませんやろ。

親父はアメリカから接ぎ木をもらってくるとき、おふくろの帯芯《おびしん》の中に入れて帰って来よったんですわ。昔の帯は、みな紙の帯芯を巻いてますやろ。帯芯の中は暗がりやから、新聞紙で濡らして切り口を蓋《ふた》して、帯芯に入れると、真っ暗やから木も眠るんですわ。

曙《あけぼの》という種類の桜はもともと日本にあるものなんですが、それを向こうへ持って行ったら、ふつうの曙よりも花が大輪で色が白になったんです。花がうんと大きいんですわ。それをまた、そうやって親父が日本へ持って帰ってきたんです。それをアメリカ曙というていますが、それがついて今もうちにあります。

接ぎ木は夫婦で

接ぎ木は嫁さんと一緒にするんです。おじいさんもおばあさんとやりましたし、親父もおふくろとやりました。わしもかかとやっています。これもまたその家のというか、植木屋へ嫁にきたもののひとつの教育みたいなものなんですな。

細こう切ってある枝を台木に接ぐんですが、台木の皮を削いで、接ぎ木の皮も削いで、形成層の合うところをうまく入れていくんです。その後で、嫁さんが打ち藁で縛っていくんですわ。

いかに女が上手に締めるか、きつくもなく緩くもなく、それが実にむずかしいんです。共同で、息を合わせなならんのですが、そういう夫婦間の一体的な行動というのか、そういうものの教えにもなるわけなんですわ。

おじい、おばあが接ぎ木の作業をやっていますわな。私は子供でしたから、接ぎ木をしとるところにゴザを敷いてもろうて一日遊んでおりますやろ。

でも嫁というか、私の母親はこんなのを見るのは初めてです。まだ若妻ですわな。それが弁当を持って来たときに、草を引いたりしながら、ついでにおじいやおばあのやることを見るとはなしに見てますわな。そうして、自分が直接やらんでも、見ているうちに仕事に慣れていきますわ。

そして、こんどは接ぎ穂を縛る藁を打っておいてくれよといわれたら、家でやりますわな。そのときでも、打ちすぎてもあかんし、打ってなかったら藁はボリッと折れますやろ。打ち方にもはじめは緩く、だんだんきつくとか、リズムがありますわな。ただ打ったんではあかんのやから。それで口に水を含んで藁をまわしながら霧を吹きかけますわな。それらはすべて機械とちごうて、手加減でやっていく仕事です。こういう作業を手伝いながら、こつを覚えていくんです。

嫁に来て、すぐに一緒に働きに出るわけではないんですわ。徐々に徐々に、もうほんまにちょっと手伝うとか、弁当を運んでいるときにするとか、切った木を持って帰って夜の間に選《よ》り分けるとか、何かに少しずつかかわるんですな。それを自然に身体で覚えていくんです。頭で覚えたことはみな忘れますからね。

初めは外から見るだけですわな。それで、どういうことから始めるのかということがわかりますやろ。今のように、あれはああです、これはこうです、こうしなさいではあきませんわ。手とり足とり教えてもほんまには覚えませんわ。そういうふうに見たあとで、こんどは実際にやりながら覚えていくんです。おじいとおばあがやっていたことを、親父とおふくろがやっていくようになるんです。接ぎ木は、やっぱり夫婦でするのが楽ですわな。何もいわんでも、「こうせい」というたら、「へい」というよりしゃあない。

今はわしが十二センチぐらいの間隔で順番に接いでいくと、かかが後ろから、クリクリクリッと巻いてはビューッと藁を伸ばして、切らずにつぎの木をくっていくんです。ですから藁はつながっていくんですわ。そうやってつぎつぎとくって結ばんでもええのやけど、最後だけはギュッと締めますわな。

この作業をするのは、雨の心配のないときですわ。雨が降ってきたら、すぐに傘をさしたりしますわな。水が入ってしまうと、形成層がひっつくまでにパッと口があきよるから。水が入らないように傘がいるんですわ。それからあまりきつく締めてしまうと、これまたひっつきませんのやわ。両方が脹《ふく》れようとする力によってひっつきよるのやからね。学問的には形成層さえあればひっつきよるというけど、実際には接ぎ穂と台木の締めぐあいですわ。

だいたい一日仕事でやりますのや。それで、乾きそうになったら、そこに土をすぐにかけていくんです。本数はそのときによって、みな違いますけど、千本まではいきませんな。

今はビニールでやるものやからみんなだめになるんですわ。ビニールでくったら、ひっつくのはよろしいわ。けどそれが腐りませんのや。それで木が脹《ふく》れたときに木に食い込んでしもうて、しまいにはポキッと折れよる。

藁だとちょうどついたときに、その藁が腐っとる。だから藁とか荒縄というのは、うまいことできているんですわ。それなのに街路樹の支柱を見たってややこしいもんでくってありますやろ。そやから肥ったときにみんな傷んでますわな。昔の材料はみな、木が必要でなくなるときには、そのものが腐るようになっておったんです。

桜切るバカ、梅切らぬアホ

大きな桜を新しく植えるときには、まず土を見ますわな。土を見んことには植えられへんから。育ってきたところと、違うかどうか、その土が合うか合わんかを見極めて、悪かったら土を入れ替えてる。そして、植えて、立てますわね。立てて土をかけたときに、なんやおかしいなと思うときがあるんです。どうかなあと思うときもあるし、もう大丈夫というときもある。大丈夫やというときにはじめて、地の神と天の神とに感謝して、酒をかけて、幹の高いところにスルメを結《い》わいつけておくんですわ。スルメは神事や祝い事で必ず使いますやろ。昔からそういうもんですわな。祭りはみなスルメですわ。そのとき「ごくろうさん」と一升瓶の酒をかけてやりますな。それで、わしらは自然界のもろもろの神に感謝して、最後に「たのんます」というて帰りますのや。

植えた木がだめなときはだいたいわかるんですよ。植えてしばらくしていると、なんやしらん、おかしいなあと思うときがあるんですわ。

年寄りが「植えたときに小鳥が止まればつく」とよくいいますわな。枯れそうな木になかなか鳥は止まりませんね。「あ、鳥がきてくれた」というたら、大丈夫ですわ。ということは、木も生きとるさけね。そういうことがどうして言えるのかというのは学問的にも科学的にもわかりませんわなあ。「気配」というやつですかなあ。

植えて、若い者がみんな帰ってからでも、しばらくボケッと見ていることがありますわ。去りがたいときがありますのや。なんか気になって。そんなこともありますわ。そういうときには、あとでちょこちょこ覗きにいくんです。どうもないかなあと、遠いところからそーっと。病室を覗くのでもそうですやろ。病人に突然顔を出したら、ショックでガクッといきよる人だっておるさけね、みだりにワーワーいって入りませんわな。そーっと行って見る。そういう気持ちの持ち方、接し方が大事なんです。

桜は家族と同じ生活状態でいるときは大丈夫なんですわ。今はもう家族の目を離れてしもうていますやろ。花時にはみんなが大勢見に来て、はたまた一方では保護やとか騒がれて、自分のものでありながら自分のものでないような。観光というのはそないなもんです。そういうふうになりますと、家の人の愛着も村の人の心づかいも少なくなりますわ。あちこちの桜を見てまわっていますが、枯れてしまったり、切ったあとがだいぶありますわなあ。もったいないことをしているなと思うてます。

桜という植物は、何をせなあかんということは何もないんですわ。放っときゃいいんです。ただ、条件にあう場所に植えるのは、どんな木でも第一の条件です。ですから、まず桜の性格を知らなあきませんわねえ。これはどの桜にもいえることですが、桜は湿気《しけ》るところはだめなんですわ。水があっても、流れ出るところならいいんです。どっちかというと、やや乾燥気味の、瓦礫《がれき》混じりの肥沃土《ひよくど》。これが最高の場所なんですわ。

それと、桜はいっぺん傷がつくと、その傷がなかなか塞《ふさ》がりませんねや。小さいときにちょっと傷がつくと、幹が太るのと同じように、その傷も大きくなるんですわ。「桜切るバカ、梅切らんアホ」というのはそれなんです。梅は新芽にしか花はつきませんのや。桜は傷がつくと、そこから必ず腐るんです。そやから、傷を塞いでやらないかんわけです。

そういうことを知ったうえで、家族同様に毎日見てやっていれば、いい花を咲かせて長生きするんですがね。誰のもんやらわからんようになると、人はそこにあるとだけしか思いませんし、気がついたときには枯れる寸前だったりするんです。家族のように毎日見てやれば変化がわかりますから、手遅れということにはなりませんね。名桜、名花というのはそうやって残ってきたんですが、村起こしやら町起こしに桜を使うようになると、もうあきませんな。

次の世代を別の場所に移す桜

今は人間が日本の自然を無茶苦茶にしているから、桜も減りつつあります。というのは、まず、鳥がおってくれないとあきませんやろ、それと昆虫類がおってくれんとあきません。それには地面の中の虫、微生物、そのほかもろもろのもの、これらみんなが作用して成り立っておるわけです。それを今は人間が虫を追い払わずに、殺すんですわ。鳥にしたって、これだけ都市化が進んでしもうて、住む場所がないんです。昆虫もそうやし、鳥もそうやし、動物もみなそうです。それらが減っていくと同じように、桜も減っていかなしゃあないんです。

その減るのが、このごろものすごう早い。たとえば、奈良の吉野でもヤマザクラがごっつう枯れてきていますわな。あれは、やはり実生で鳥たちが運んだ種から出てきたものです。虫、鳥、動物、みんなおるから、生《は》えてくるんです。それが長い年月かかって、若い木もあれば古い木もあって、一つの模様をつくってきたんです。桜は忌地性《いやじせい》がきつい植物なものやから同じところへは生えへんのです。

古い桜は枯れていくと、その桜の種はその場所では育たんのです。若い木は鳥が種を運んで、別のところに生えてくるんですわ。つまり長い時間をかけて、ある程度の場所をぐるぐるまわっておるんですのや。それでまたいつか元へ戻ってくる、そういうもんですわ。

それなのに人間がこの老木が枯れたからといって同じ木の苗を同じ場所へ植えるから、まともな木ができひんのです。

祇園の桜を親父が植えるときに、土をそっくり替えた話は前にしましたな。桜は忌地性が強いからね。そやから、吉野の山でも、その木が植わっておった前の場所にはなくなっても、その桜のつぎの代は移動して別の場所にあるはずなんです。それをやいやい言うて、目の前のことだけを人間がかまいに行くから、変なことになるんやね。人間はせっかちやから。桜の習性を飲み込んでやればいいんです。

実生で植えて二十年になると、場所にもよりますが、直径が二十センチぐらいにはなりますわな。そうなると、ふつうに花が咲くんですね。人生と一緒でね、一番見ごろは三十年からですわ。

一概《いちがい》に二十年、三十年たったらといいますが、それも場所によって違うんですな。人間でもそうですやろ。自分の三十歳のときを振り返ってどうやったというたら、人それぞれみな違いますわ。

桜の二十年というのは、人間の二十歳ぐらいですわ。三十年になると、人がちょっと振り返る、大人の花が咲くわけです。二十年までは体をつくっていきよるんです。それで花はつきませんね。人間でもそうなんですわ。三十年ほどすると、かかや子供ができて社会的にもやや認められるようになるやろというんです。

桜を育てるのはちょうど子供を育てるのと一緒ですわ。人間の一生とも一緒やから、自分をよう振り返って、今後をどうするかということも、自分とよく問答して、接していったらええいうんです。それなのに大きい桜を植えて、はよう花を見たいというから、早う枯れるんですわ。もう寿命がそこまでいっておるのやから、そやから、育てていけというんですのやけどね。そうして育てていったら、つぎの世代の人が楽しめるんですわ。今、楽しんでいるものは一世代前の人が育ててくれた桜を今の人が楽しんでいるのやからね。

もう寿命がきている木をどれだけ保護しろというたって無理やというんですわ。それはもう枯れるほうへ進んでおるのやから。人間でも五十歳すぎれば、あとはまあまあ、今でも残りは三十数年でっしゃろ。下降線をたどっているときは、そのようにつきおうたらよろしいんですわ。

日本の野生種は、土地も広かったし、虫も鳥もいっぱいいたので広がっていったんです。みんなうまいこと同居しておったんですね。ところが今はソメイヨシノを植えすぎたんです。ソメイヨシノは寿命が短いですわな。百年以内で枯れるんやから。これも枯れたからっていうて、また同じところに慌てて植えるから、うまくいきません。まあ、横暴、無理、無理、無理ばっかりですわ。

花の見方・楽しみ方

年によって桜の花の数や色に多少の違いはあるんです。毎年同じように咲かへんからね。というのは、今年咲く花の花芽は、前年の盆ごろにはできているんです。花が咲くのは、桜の一年間の最後の仕事なんですわ。そして、花を散らして初めて芽が出て一年間の営みが始まるんです。

ですから咲く花は、前年の成果を出しとるだけやと思うんですわ。だから花が散ったあとのほうが、わしらは気になりますわ。うまく芽が出るか、どうかと。前の年の夏の気候の影響は大きいです。平成八年、九年のように夏が二年間続いて暑かった年は、桜も自分でバランスをとっていかないかんから早めに葉を落としたりしますわね。それによって花芽と葉芽が出来上がっとるのやから。エネルギーを蓄えるのに一生懸命やから。

花が咲くときは、蕾《つぼみ》が肩を張るようになるんですわ。目いっぱい、ぐっとこう気張って、エネルギーを蓄えて、日照、気温、そういうものが合うたときに、ぱんと咲く。見ていると、ぐっと気張っていくのがわかりますわな。いつついこうか、いつついこうか、と思うています。

それを見ているほうが、花よりもおもしろいです。桜のそういうところも見なければ、花ばかりが桜じゃないのやから。咲くことを桜がほころびかけてきた、て言いますわな。そのつぎは、ぼちぼち笑いかけてるな、と言いますやろ。桜が咲いてなくても、これが咲いたらどうなるかなと思うて見たほうがおもしろいんですな。

桜は全部下を向いて咲くんです。ですから中へ入り込んで見て、初めて桜も喜ぶんです。横から見ては、全然あきませんものね。そやから、どんな昔の絵を見ても、みんな、幹のまわりで花見をしてますやろ。花が覆いかぶさってくれるのやから、そこへ入ればいいんです。

ゴザをしいて、女の膝枕《ひざまくら》でごろーんと上向いて寝てたら、あれほどええもんはないでっせ。ふわっと包み込んでくれるんです。横から見るのは、ほんまにただ見てるだけで、味わいがないですわな。

桜も早よ来てくれよというて待っているんですわ。それを囲んで、人から離してしまうと寂しがりよる。わしらでも、桜を見せてもろうたときは自然にぽんぽんぽんぽんと幹を叩いてやりまんな。そうするとやっぱり花もなびきよるものね。ふるふるふるふるっと笑いよる。その感覚はなんともいえんものがあります。おもしろいもんでっせ。それも触るでなし叩くでなし、なんとなしに。女でもそうですやろ、パチッとしたら怒りよる。それとなしに触ったったら、にやっと笑いますやろ。それと同じことですわ。桜は人間と共存しとんのやからね。

やっぱり桜は月に引かれるというのか、自然の営みには月が大きくかかわっているみたいですな。ですから桜がいつごろ咲くのかは暦を見ていたらわかります。満月に向かって咲きよるんです。北のほうへいくとまた変わりますけど、京都あたりだと、だいたい満月に向かって咲いていきますわね。平成七年は、四月の一日が十五夜でしたな。そこを目指して、ぐうーっと咲いて、それで一気に春になりました。

ヤマザクラ、ヒガンザクラ、ソメイヨシノがだいたいそのころから咲きますわ。

平成九年は寒いというてましたけど、植物というものはちゃんと季節を感じて、咲くときには咲くんです。わしは月が咲かせるんやと思いますわ。そやから満月に桜という写真をよく見かけるでしょ。

わしのいう桜は、ソメイヨシノやなくて、もともとその地にあるヤマザクラやヒガンザクラ系のものです。

平成九年は、寒い寒いと言うてたけれど、やっぱり四月の一日には咲きよったからね。というのは、四月二日が暦でいう十五日やった。このときに雪が降りよったんですわ。そういうわけで、雪月花があの年は見られましたやろ。雪月花が見られる年というのは、わりに少ないですわ。

それでも、雪月花という言葉があるということは、これまでにもあったということですわ。急に気象条件が悪化したとか、天候の異変とか異常とかではなしに、そういう年に巡りあわせただけのことやと思います。

気象条件が異変とか異常とかいうのは、人間がそのときどきに自分の勝手なことを言うているだけやと思いますな。天候を決めているのは、そのときそのときの日と月と雲の流れですわ。昔の人はこういうことを知っていたから、畑のものでも種まきをきちっと月に合わせてやっとったのやからね。

一本の変種から日本中に広まったソメイヨシノ

ヤマザクラ、ヒガンザクラ、オオシマザクラ、この三つの系統以外のものというのは品種改良されて出てきたものですわな。

それの最たるものが今のソメイヨシノです。ソメイヨシノは人間がつくって人間が植えたものやから、最後まで人間がかかわらんと育ちませんのや。山の実生の木は放っておいてもなんぼでも育つんです。自分の生長、生きていける環境、状況のところにしか生えへんのやから。それで放っておいたらなんぼでも大きゅうなる。ところが人間がかもうたものは最後までかもうてやらんといかんですわな。

自然界では、どの桜とどの桜が交配するかわからんから、たまたま突然変異でいろんなものが出てくるんです。同じヤマザクラでも一種一本というぐらい性格が違いますのでね。

近ごろ、みなさんは桜というとソメイヨシノだと思うておられるのんやないかと思うんですわ。

ソメイヨシノというのは、まだできて百五十年以内しかたっていませんわね。東京の染井村でつくられたから、そういう名前がついているんです。わりあい活《かっ》着率《ちゃくりつ》がよかったんで急激に増えてしもうたんやね。ソメイヨシノが主流になってしもうて、桜も本来のよさがなくなりました。どこへ行ってもソメイヨシノばかりなんですわ。どこへ行っても景色が一緒なんです。おもしろみも深みも何にもないですわ。ソメイヨシノのあるところは、百年くらいの歴史しかないんです。そやから、わしはあれほどつまらん桜はないといっておるんです。

ただし、いわゆる関東でできた木やから、関東にはソメイヨシノが合うんです。関東のソメイヨシノはある程度ピンク色をしていますわね。白いようやけども芯のほうにピンクが残っているんですな。これが関西だと真っ白けなんですわ。

ソメイヨシノというのは弱い木です。寿命が短いんですわ。ピーク百年というて、昔は寿命が百年やったけど、今はもう五十年ぐらいしかありませんわね。これも人間と一緒ですわ。やっぱりこう、ハングリー精神のあるやつはたくましく生きていきよるけど、かわいかわいされたやつはふにゃふにゃと生きてパタッと倒れますやろ。それでもあれだけ日本中で植えることができたのは、量産できたことと安かったことですわ。

ソメイヨシノのおかげで桜の観念が狂ってしまいましたわ。ソメイヨシノは接ぎ木がしやすい、生長が早い、それで、どこで植えても同時に咲くんです。個性がない。人間につくられたものやから個性がないんです。ソメイヨシノは、ただ一本の変種から日本中に散らばっていったんです。ずっと接いできたから、今のものはあまりよくなりませんわなあ。ソメイヨシノの若々しいと思われる芽を摘んでも、すでに百五十歳になっているわけですわ。芽が老化しておるんです。それを接ぐから、あまりいいものはできない。最初は、桜の生《は》えてない、はじめてのところに植えるのやからグーッと大きいなるんですわ。そのかわり、へたりますわな。ソメイヨシノはへたりかけたら早いんです。

古いソメイヨシノの木で残っているのは、日露戦争の戦勝記念というのが一番多いんですな。明治三十九（一九〇六）年ごろですか。そのあとも、いわゆる国民的行事、国家的行事のあるときに植えているんです。

関西では、そのあと多かったのは昭和十一（一九三六）年。というのは、昭和九年に室戸台風と水害があって、その復旧のあとに植えたんですわ。それから昭和十五（一九四〇）年。これも例の紀元二千六百年記念で植えたんです。これがいま残っている古いソメイヨシノですわ。

それと、桜は軍隊とともに歩んでいるんですわ。ほとんどの連隊のあとには、みな桜並木がありますわ。だいたい四月の入営に合わせて花が咲くようにね。

それから支那事変で徐州陥落、南京入城がありましたやろ。あのときにも、その連隊のある都道府県や、それから勝ち戦《いくさ》のニュースのあったころの軍隊、そういうとこにもものすごいたくさんの記念樹を植えた。それらが残っているのが、いま花見ができる場所なんですわ。

それでも名を残していくのはやっぱりヒガンザクラかヤマザクラですな。ヒガンザクラは枝垂れよるからどっちかいうと女性的やしね。ヤマザクラは幹もやっぱりがっしりしとるし男性的ですわ。昔から絵画や歌に詠まれているのは、このヤマザクラかヒガンザクラなんですよ。枝垂桜《しだれざくら》はときどき絵でも見かけるでしょ。

でも、古い時代のソメイヨシノで絵になったものはなんにもないんです。やっぱりあの花には奥がないんですな。奥ゆかしさというものがないですわ。ふわーっとしてそれで終わりだから。

たったひとつだけソメイヨシノが絵になったものがあります。最近つくられた絵なんですが、遠山の金さんの桜吹雪ですわ。あれはソメイヨシノ。あれがヤマザクラでしたら、とても見られたものじゃないんです。というのはヤマザクラは花が咲くときにはすでに葉が出ているから。金さんの背中に花と一緒に葉っぱがあったんじゃ絵になりませんものね。

だいたい気の早い、せっかちの人をヤマザクラといいますわな。こころは、花より葉が先に出るさかい。オオシマザクラは桜餅に使う葉がとれる木ですが、京都弁では、「おおきには（葉）ばかりさん」というんですわね。花よりもほとんど葉やからね、オオシマザクラは。

富士には富士桜がよく似合う

富士桜、あれは富士山の見えるところでしか咲きませんね。富士山の周囲のあちこちに湖がありますわな。そこへソメイヨシノを植えてますけど、そぐわへんねえ。合いませんわ。富士山の見えるところはやっぱり富士桜がええですな。そういう自分の郷土に合う桜を持っている地元の人は最高ですわ。おじいさんも言っとったんやけど、やはりその土地の桜はその土地やから美しいのやって。北海道の千島桜は北海道にあるときはええねんけども、京都へ持ってくると、さっぱりあきませんものな。種類としては見られる桜やけど、京都の桜の情景としてはよくないですわな。

村にはその村の農作業の目安になっている桜がありますな。田植え桜とか、麻まき桜とか。やはりそれが、なるほどなあ、ということがみなありますわ。あれはもう、気象庁の天気予報より正確に、その年の気象条件を知らせてくれますわな。ソメイヨシノにはそんなことできへんからね。

そういう木は、村のどこからでも見えるところに咲いていますものね。それで、その下に必ず祠《ほこら》がありますわ。そういうことがきちっと祀ってあるところの木は、ようできていますな。みんなで守っておるんですな。そういう桜はみごとです。祠がくちゃくちゃになっているようなところでは、木もおかしいなっていますわ。

そういう桜が残っているのは東北に多い。そうして残った桜は、その村の名所名物なわけや。

三春《みはる》の滝桜《たきざくら》（福島県三春町の推定樹齢七百年のヒガンザクラ〈ベニシダレ〉）なんかも、もともとはそうなんですわ。淡墨《うすずみ》の桜（岐阜県根尾村〈現本巣市〉の、地元では樹齢千四百年といわれるヒガンザクラの巨木）でもそうですわな。なんでもないとこにあったんやから。御母衣《みぼろ》の桜（岐阜県荘川村〈現高山市〉の推定樹齢五百年のヒガンザクラ）でもそうや。歴史的な変化によって、誰でもが見られるようになっているんやけど、それまではその村のものだけやったんです。

花見は、酒を飲みに行くだけでもよろしいんですけど、帰りぎわに「おおきにありがとさん」と言うて帰るといいんです。

酔っ払って、酒を適当にまくのはよろしい。わしはいつも言いますねん、へど吐いとるやつは、あれはもう、褒《ほ》めてやれ、て。土に戻るのやからね。けどナイロンやら敷いているもんは放り出せというんですわ。その間、根が息できへん。人間は濡れへんさけいいけど、桜にしたら息ができないんですわ。ゴザとかムシロやったら大丈夫ですわ。人間の尻は冷たいけど、桜は息ができますわな。そういう配慮がないですね、近ごろは。

昔はそうでなかったんです。その場所へ行って自分が楽しんだぶん、それだけのものを返してきましたわな。酒をこぼすのもそうやし、弁当にしても昔は木の折しか持っていきませんわな。あれは放っといたって、土に戻るし、燃やせばまた肥料にもなるんです。しょんべんかけて帰ったら、またそれが土に戻りますな。少しは桜にもお礼をせないかんですな。

姥桜《うばざくら》というのは女性蔑視の言葉ではないんですよ。姥桜というのは、なるほど、もう幹はしわくちゃですわ。でも幹には風格が出てまっしゃろ。わずかに残った枝に、ものすごきれいな花を咲かすでしょ。色気を通りすぎて色香が出てくるんですわ。

老木というのは、まあ、年がいったらみな老木になるのやからね。そこまで生き残れるか、残れへんかが大事なんですわ。幾星霜、どうやって今日まで耐えてきたのかを考えて、称《たた》えて花を見るのやったらいいですけど、こりゃ古いねえというだけではあかんのです。そうかといって古いからというて大事にしすぎるのもあきませんし、よけいな世話するのもいけません。

姥桜は、自分で枯らしながら、大きくなっていくんですわ。自分で調整しとるんです。全部が大きくなってしまうと、体がもたへんですからねえ。どこかは枯らすけど、どこかには新しい花をつける。それが木の知恵や。木のうつろにコンクリートを詰め込んでいるのがありますけど、あれは、あきませんね。やっぱり、異物を入れたらあかんのですわ。うつろなら、うつろのまんまのほうがいいですよ。そのままなんとか生きようとしとんのやからね。異物を入れたら、一時的にはいけても、あとがあきませんわ。

皮一枚で生きている木もいっぱいありますからね。そういうのは称えてやらないけません。そしたらまた、一生懸命生きよるからね。よう生きてきたな、と褒めてやるつもりで見たらいいんです。

桜守と樹木医のちがい

樹木医といわれてる人がよくシリコンを桜の木に放り込んでいますやろ。あれはぐあいが悪いです。桜の足下を見ずに、幹だけを見てやっているから。

植物には自分の力で元に戻そうとする復元力がみなあるんですが、桜はその力が弱いですわ。梅は強いですわな、切り口からでも必ず芽を出しよるのやから。ほかの木でも脂を噴きながら元に戻そうとするけれど、桜はそれが案外ないもんやから、傷にはわりに弱いんです。そういう桜の特性があるものやから、それを知っておらななりませんわな。

このあいだも、仙台から、桜が弱ったから来てくれという手紙がきたので見に行ったら、広瀬川の土手の上の官地と民地の境にずーっと桜が植わっているんですわ。問題の桜はたまたま民地のほうにあって、そこへ家を建ててから急激に弱ったという。一抱えもある桜です。

話を聞いて、まわりを見てみると、家を建てるときに、根を引っかけて切っているんです。水口も変わっている。それでその年は早うからボロボロと葉を落としていました。それで、これはいかんといって、水をたっぷりやったというんです。

こんな木になんで水をやるんやて、わしは言ったんですわ。根腐れさしているのと同じことなんです。この桜の根の先はずっと向こうにあって、そこから養分を吸うておるのやから、こんな幹の根本に水をやったって、かえって腐らすといったんです。

何でも人為的に、人間のつごうで判断する。自分の見たところで木までそうやと思っている。人間の生活と同じリズム、状態のことを相手にさせようとする。日本のあちこちの桜を見に行くと、ぜんぶそれですわ。それが日本の桜をだめにしているんです。

うまく育てるには、まず放ったらかしにすること。それからいわゆる根の環境をうまくしてやること。人間の目に見えるところでかまってやれるのは虫と病気だけですわ。

台風とかいうときは折れるけれども、これはもうしようがないことですわ。寿命がきてそうなって、徐々に弱るものもある。そのかわり、そういう木は種を落として横のほうで子孫ができているはずなんです。それも鳥やら動物やらがおってくれなんだらいかんわけですわ。まず、鳥と昆虫と土の中の虫、まあ、極端にいえばミミズとかああいうものが生息できる環境をつくっておけば大丈夫やというんですわ。

木は四方に枝の張った先のところの、ちょうど真下まで根が張っているんです。

だいたいそこから栄養分を吸うんですわ。真ん中の幹に近い太い根は木を支えるために肥っていくんです。この太い根から養分はとっていないんです。先のほうから、先のほうからとっている。それで、根が伸びていくのに応じて、枝葉も伸びていって、それがだんだん重たくなってくると、根がまた肥っていくんですわな。大地に根を張るというのは、そういうことなんです。

それを勘違いして、根本に栄養分をやるから、木が根を伸ばさんわけですわ。必要がないから。すぐそばから栄養が吸えるもんやから。栄養があるもんやから頭ばかり伸びるんですわ。

日本人の子供の教育のしかたと一緒でっしゃろ。こんなですから、ちょっと大きな風が吹いたら、ゴローンとひっくり返る。これは根張りがないからです。伸ばす必要がないのやから。伸ばさなくとも餌をもらえるんやから。人間はいらんことばっかりしているんですわ。そやから、わしは相手のこと、植物のことを考えて人間がやれていうんですわ。

男でも女でも、容姿と性格の両方がわかってはじめて、つきあいができるっていうんです。顔だけ見て惚れたら、後でひどい目にあいまっしゃろ。相手をよく見ろというんです。

樹木医の資格を取りに行っている人たちは、学問はできているんです。ところが、現物に接してないのやから現物がわかってない。今の樹木医は、木を育てたことがない人なのやから。接したこともない者が頭だけでやっとるんです。これじゃ、あきませんわ。

わしら造園屋とか植木屋とかいわれるもんは、木と一緒におるのやからわかるというんです。自分の子供と一緒で、見たら、調子がいいか悪いかはわかりますわ。調子が悪いのは腹痛なのか、頭痛なのか、それを見極めてから薬をやるわけですわな。腹痛を起こしているのに頭痛の薬やったかてあかんというんです。

樹木医がプラスチックを詰め込んだり、ペンキを塗ったり、トタンで蓋《ふた》をしたりしてますけど、あれは外科的なことをやっとるだけですわ。わしらからいわせると、必要でないことをやっているんです。朽ちてきたら朽ちてきたでしょうがないんですわ。それを埋めてみたところで止まるはずがないんです。そこから、また肉が上がってくるということは絶対ないのやから。無駄なことなんですわ。

それよりも、よう根本を見て、根がしっかりしておったら、どこかからまた子供がピュッと出よるんです。そいつをうまく育ててやればいいんです。それは前の木と同じものなんです。

桜の名木、かりに三春の滝桜でもよろしいわ。

あの木も、もともとはなんでもないところにあったものですわな。それが人目について、あのへんの人が、これは大事にしていこなというて、守《も》りしてきたものですわ。

淡墨《うすずみ》の桜もそうです。昔、あんなところへは誰も行かなかったけど、たまたま宇野千代のおばあが書いたものやから、大騒ぎになってしまったんです。なんやかんやいったって、たんなるヒガンザクラですわ。あれも、ちょっとかまいすぎや、とわしはいうんです。そうやって、人を呼び込むために、桜を触り倒すんですわ。それで弱っていくんです。放っときゃええのんやけど。まわりを石垣でまた積んだりね。人間は楽になるかしらんけど、木にはぐあいが悪い。元のままにしとったら、なんぼでも自分で大きくなるのやけど、土を盛るものやから、根が息できなくなる。下の根が腐って、その間に弱りよるんです。そういう繰り返しをやってるあいだに、気象条件の厳しいところやから、雪にやられたときにはボキーッと折れるんですわ。

それと杖を添えてますな。あれも早よから杖をもたすもんやから、それに頼って自分で大きなろうとせえへんでしょ。それでだらんと、もたれてしもうて。もっと自分の力で生きる条件をととのえてやればいいんですわ。

だからといって、もういまさら杖を取ることはできません。取ったら歩けへんのやから、頼りきってしもうとるから。あとは弱る一方なんです。人間のつごうで弱らしとるんですな。

桜は、放っときゃええねんけどね。

関東で喜ばれる花の塩漬け

おじいさんも親父もやけど、必ず落ちている花びらをしがんで、（かみしめて）おりました。花びら一枚でもいいし、つぼみの芯でもいい。歯でがくがくと。すると、樹液が舌の先にきますわね。どういう土味やとか、木の勢いやとかいろいろわかるんですわ。それで、おかしいな、どこかがおかしいと気づくんです。

花には甘みというのか、なんというのかな、独特の味があるんですわ。ちょっと酸っぱいような甘みとか、言葉でうまく言いあらわせませんけど、わかるんですな。

桜にもそれぞれ味があるんです。目で見るだけやのうて、嗅いでみたり、しがんでみたり、触ってみたり、さまざまにするんです。それぞれ匂いでも触りごこちでもみんな違うんですわ。

桜の花をうちでは塩漬けにするんです。満開のちょっと手前ぐらいにちょうど摘んでいましたでしょ。花は一つずつ摘むんですわ。お湯を通すという人もありますけど、うちはもうそのままなんですわ。塩水にしばらく漬けておいて灰汁《あく》抜きして、それで上げてから塩で押さえていくんです。それをそのまま漬けてしまうんですわ。あまり水を切らんと、重石でジワーッと漬けます。

花によって灰汁の強いものもありますが、それはやっぱりちょっと茶色っぽいような色の灰汁が出ますけれどね。それで塩から出したまま一つ酒に落とすとうまいらしいですわ。

花で一番いいのは普賢象《ふげんぞう》（代表的な八重桜の一種）ですわ。いろいろ試しているんですけど、黄桜（鬱金桜）の場合はうっかりすると灰汁が強いからちょっと色が黒《くろ》うなることがありますな。出来上がるまで一年はかかりますわ。夏にやや発酵して、寒に元に戻る。ひと冬越させる。一年は寝かさんとあきませんな。桜を漬けるというのは、どこから起こったんですやろ。昔からありますな。とくに、関東、東京周辺では、おめでたには、みな桜湯を使うんですな。見合いの席や婚礼の席では茶を濁すといって茶を使わないで、桜湯にするんですな。ところが京都では、桜は散りやすいから「花の縁は散りやすい」というて桜は嫌がりますわ。

風情のある縁起もんですわ。でも萎《しお》れていた花をお湯に漬けるときれいに開きよるから、水中花を見ているような感じがしますな。なかでも普賢象はきれいです。

ソメイヨシノはなりません、だめなんですわ。だいいち花に虫が寄りつきませんやろ。うまくないんです。虫はよう知っていますわ。そやから葉ばっかりにつくんです。ほかの花にはほとんどミツバチやとかいろいろな虫がいっせいに花のまわりに集まりますけど、ソメイヨシノには、まずつきません。

やっぱり塩漬けは普賢象が一番ですわ。たまに茶に入れて饅頭を食うとうまいですわな。はじめは、何の気なしにつくっていたんですけど。だれが考えだしたものなのかねえ。日本の文化というのは、ほんまに奥が深いというのか底が見えないというのか、生活の知恵というのか、よう考えられてますわ。

Ⅲ　庭のこころ

庭をつくるということ

わしらは頼まれて庭をつくるんですから、施主というもんがおりますわな。ですから相手が何を望んでいるのかを考えないといけません。実のところ頼んだ人も庭のくわしいことはわかりませんのや。わからないんですが、希望はありますわな。ですから、わしらがこうしたらいい、ああしたらいいといえるためにも、話のなかで相手が何を求めているのかということを探らなければいけませんのや。施主も、具体的にはどんな庭になるかわからんわけです。ですから、あっちこっちの庭を見てきて、ああいうようなものをと、いちおう言われるんですね。

しかし、実際につくる庭は、そうしてほしいというお手本とは同じ場所ではないんです。家の向きも、構造も、土も、方角もみな違う。けれども、そういうものがほしいとなれば、わしらはそれに近いものを考えなければしようがないですわな。

しかし、今はもうそれもあきませんね。庭の手入れをせんでもええものにしてくれと、そういう注文ばっかりですわ。それやったら、石を置いておきなさいというんです。ずっと変わらないし、手入れもいらん。

それと近ごろの注文は、葉が落ちん木にしてほしいというんです。葉が落ちるのは、かなわんと。世の中に、葉が落ちん木は一本もないんです。常緑樹だって、春になれば葉を落としよるのやから。あれはずっと緑やけど葉は落ちますのや。それがわかっとらへん。葉の落ちない木があると思っておるんです。

庭を注文するのは、金持ちばかりじゃありません。金があって、ものをするのやったら知恵もいらないし、だれにでもできますのや。金がこれだけしかないけど、なんとかこうしてほしいといわれたときには、「よし、ひとつ、がんばってやりましょか」て、それでいいものができるんですわ。「金はなんぼでも出すのやから、好きなことしてくれ」といわれたら、まず儲けることを先に考えますやろ、人間というのは。これだけしよったら、なんぼ残るわいというので、そんなに工夫することなしに派手にやっておけばいいと。ですから、まあ、それではろくなもんはできまへんわな。

「金がないんやけども、こういうのが夢やったんや。なんとかしてつくってもらえませんやろか」といわれたら、「ま、考えましょか」というて、真剣に考えますわ。わしらの仕事というのは、そういうもんです。

京都以外にも出かけていって庭をつくらせてもらっております。

学生時代に京都におったとか、なにか京都に縁がある人がおりますわな。たとえば、嫁さんを京都から連れて帰ったとか、そういう人は、どうしても嫁さんの影響とかがありますわな。あるいは自分が住んでいた京都のよき時代をなんとか再現しようとする人とか、そういう人が案外昔は多かったんですわ。

そういう人が庭をつくってほしいというてきます。そうするとどんなことを望んでいるのか、京都のなかのどのへんの何が好きやったとか、よう話が出ますやろ。そうすると、できるだけ、それに近いような庭をつくっていくわけですわ。嵐山《あらしやま》なら嵐山、東山《ひがしやま》なら東山と、できるだけその雰囲気をつくるんですのや。

遠くやったら北海道まで行きますしね。けれども、庭をつくるさいに必ず地元の植木屋を入れなんだら、まず失敗しますわ。わしらにはその土地の気象条件がわからへんのやからね。気候がわからないと、庭はつくれません。そのときの形だけやったらできますよ。しかし、それじゃ庭をつくったとはいえないのです。この木はこれからどう育つのか、この木はその条件でいいのか、それを知っているのはやっぱり地元の植木屋です。寒いところへ行けば行くほどむずかしいものです。条件が違うし、育つ木が違う。そういうときはその土地のことを知っている人に手伝ってもらうんです。庭はそこの風土の一部なんですから。

庭は手入れでなしに守りですわ

つくった庭というのはずっと見てやらなあきませんわ。みなさんはこれを手入れするといいますな。手入れをするからあきまへんのや。守《も》りをせなあきまへんのやわ。

守りするというのは、子守りでもそうですけれど、子供の性格がわかるから守りができるんです。手入れというのは散髪するようなものです。きれいに切りそろえたらいいんですから。それはそのときだけよければいいということですやろ。

わしらの仕事はそうじゃない。性格がわかって、こうしたら、こう育っていくやろということを知って、守りをしながらやっていく仕事です。初めの一回だけつくって終わりというんじゃないんです。しかし、金にあかしてやった人はいい加減ですわ。後がもたへん。金がないけども、自分がなんとかしたいと思ってつくった人は大事にしますわな。金をかけて派手にやった人は、「また植木屋を呼んで一気にやっておいてくれ」やから、最後までそうなりますのや。

庭は人間よりも寿命が長いんです。今でも親父のつくったところへ息子が行くこともあります。おじいさんがつくったときには、わしもついて行きました。そこへ行けば、どんなお茶菓子が出るか、それを楽しみに行ったものです。そうやってその家の人のことも知りますし、おじいさんが何を言いながら仕事をしていたかも知らんうちに覚えるんです。

おじいさんは、私が小さいときから仕事場に連れて行きました。そうやってお じいさんや職人のすることや、それぞれの家の庭や木の守りのしかたを見て、知らず知らずのうちに世代を越えてやってきたんですな。

手入れと守りの違いですか。

守りというのは、さっき言うたように、相手がわかるから守りができるのですわ。相手がわからないものは守りができない。どんな場合でも絶対できません。医者の世界もそうですやろ。昔の町医者というのは、そこの親のことから家庭環境、食いものまで知ってましたわな。ですから、ぐあいが悪くなっても、その子のことはよう知ってまっしゃろ、だからこうしたらいいと言えますのや。それが守りですわ。

今は病院へ行くだけでしょ。まず医者は患者がどんな人間か知りませんわな。ましてや家の環境や、毎日どんな食いものを食べているかなんてことはわかりませんから、機械に頼って判断するだけですわ。これがいわば手入れですわ。だから、機械に出てくるものはわかるんですけど、出てこないものは見逃してしもうて、手術しても失敗するんですわ。ですから、病気が悪うなってきても、「あそこに名医がいるから、あの病院へ行こう」というのもまずおりませんわな。「いい機械が入ったらしい、あそこで診てもろうたらいい」と、こうです。

生きものはやっぱり守《も》りですわ。

守りと護《まも》りと、また違うしね。護りというのは自然保護に代表されるように保護ということですわ。この護りというのには辛抱がないですわ。自然保護やとか言うてる人間は、今あるものを保護するのやから辛抱がないですわ。木は寿命があって、なくなっていくんです。そういうのは保護のしようがあらへん。こういうことは、守りをしていたらわかるんです。

守りというのは、今までこうだったから、この後どうなっていく。こう動いていくだろう。このままにしておいたら、これがなくなるからどうしようと、つねにそういうふうに考えているんです。自然は、相手を知って、守りをするしかないんです。

庭作り、まず床の間を見る

昔は、いわゆる日本建築でも書院的なものにするか、ふつうの民家風にしていくか、それによって、まず玄関、台所、座敷、床の間というのが、みな決まっていましたわな。そやからまず方角を考えますわ。だいたい日本の場合は南向きが多い。そういうなかで、四季をどう取り込むか、これがつぎの問題です。そういうことを住宅や庭を通して昔の人は楽しんできたし、そうすることで日々を快適に暮らそうとしたんです。昔の人の知恵ですわ。

施主に頼まれたら、まず床の間を見ますわね。床の間がぐっと抑えてあったら、庭も全体的に抑えていきますわな。書院窓がついておっても、書院窓の作り方、いわゆる丸窓というのはうんと派手やからね。これは時代が後やからです。それから禅宗建築に用いる上の尖ったアーチ型になった火灯窓《かとうまど》のとき、ふつうの連子窓《れんじまど》のとき、こういうときには作り自体はもちろん、桟《さん》の幅をはじめ、もう細かい、細かいところまで、やっぱり計算しますしね。

本床か半間床か、床柱にどんな木を使っているか、ものすごくいいものかどうか、塗りはどうか、床を背にしてのようす、それから正客と亭主の座るところ、もうそうなってくると、お茶の世界ですけど、そういうところも見て、庭作りもそれにぜんぶ合わせていくんですわ。

沓脱《くつぬぎ》ひとつにしても、十畳の間なら十足は脱《ぬ》げるものでないとあきませんわな。それに比べて茶席の躙《にじ》り石《いし》は小さいものでっしゃろ。そのかわり草履取りがおりますわな。沓脱というのは石が大きいですわ。石がないときには敷き台をつけているところもありますわね。

「起きて半畳寝て一畳」といいますやろ。座れば中が空きますから。一畳で二人いけますわな。畳の部屋は、そういうふうに合理的にできているんです。

それから縁《えん》がありますわね。回《まわ》り縁《えん》の場合と片縁《かたえん》の場合、それから板の間にせずに畳縁がありますやろ。そういうところと、それから一段落ちた廊下がありますわな。そういういろんな要素をみな把握せんとやりにくいですわ。

窓の配置と柱の配置、その柱と部屋の配置によって、また仕切りの袖垣《そでがき》だとか、そういう工夫がありますわな。それで、完全に止めてしまう場合と、焼いた丸太と竹か萩を束ねてつくった鉄砲垣《てっぽうがき》にして向こうが透けて見えるようにするとか、それもやはり施主の好みと、つくるほうのアドバイスで決めていくんです。そういうものを十分に話し合っていくわけですわ。

そんなふうに一つひとつ違いますから設計図みたいなもんとか、絵を描くとか、あんまりしませんなあ。つねに話しながら施主の希望に近づけていくんです。今は、それでもいちおう図面はつくらなあきませんけどな。そういう世の中になりましたわ。しかし、図面どおりにできたものは、まずないですわ。

植える木にしても、「もう全部任すからやってくれ」といわれる場合と、施主にも出来を見に来る人がいて、そういう人は「あの木を使うてくれ、この木を使うてくれ」とはいうものの結局は、「後はうまいことやっておいてくれ」となりますな。まあ、その二通りぐらいですわ。何をするにしても主木だけは自分で見に来る人もありますしね。

主木は風格のある松

庭作りのときは、まず東西南北を調べますな。これはもう最初にやりますわね。それと主木をどうするかということがありますわ。主木というのは、庭の中心というか、その木を中心に庭を構成する、そういう木です。

昔は主木はやはり松ですな。日本人は松を古来からおめでたい木ととらえてきていますからね。常緑ということと、「松葉枯れても二人連れ」というて、散ってもバラバラになりませんわな。いわゆる常磐木《ときわぎ》ですわね。幹は幹で、またいろいろな癖とか風格をもっておりますし、枝ぶりもあるものやから、やはり松を主木にしますな。

京都の山はアカマツが多かったのですけれど、庭に入れるのはクロマツのほうが多いですわ。主木にする場合にはクロマツが多いですね。アカマツとクロマツの使い分けは、柔らこうつくる場合にはアカマツを使いますし、ボンとした強い庭はクロマツですな。園内を巡りながら観賞する回遊式の庭はアカマツです。

しかし、松というのは毎年手入れせなあきませんのやね。ということは、つねに松の手入れとか庭の手入れぐらいはできるだけの資力を持てるように頑張るという意味でつくっていくんですわ。ですから逆に、戦後は少ないですな。今は松は少のうなりました。なぜかというたら人件費がかかるからです。このごろは人件費が上がってしもうたから、手入れにものすごうお金がかかりますやろ。

昔は庭をつくっても何をしても、それを維持するだけのことはする、自分の家はちゃんと保っていくという、そういう意識でつくったものですわ。むちゃくちゃなことをせずに、せめてつくったものを維持するぐらいのことはずっとやっていくという心づもりをみな持っていたんです。今は持っている金を全部使ってつくるものやから、ちょっと変化があると、もうどうにもなりませんわ。

垣根の青竹を替えるときでも、ひとつには気分転換もありますけど、替えられんような経済状態になるのではぐあいが悪い。毎年、正月になったら替えられるだけ自分も頑張ろうというのが本来のあり方でした。だから、プラスチックやとかビニール、ナイロンで樋《とい》をつくるのはやっぱりだめなんですわ。あれはもう放っておけばいいのやからね。気分転換にもならんし、ちょっと庭を直そうかという気にもならんしね。そのへんはむずかしいところやと思いますけど。

　だから今は庭をつくりに行っても主木とかというのはないんです。なんかそれらしいこととしているだけですわ。わしらへの注文や依頼のしかたも、やはり昔とは変わりました。まず、予算が決まりますやろ。すると、いつまでにせい、ですわ。そやから、もうどうにもならんのです。この木とこの木は一年でこれだけ生長する、何年後に完成する、そういうのはないんです。

　桜を植える場合、とにかく極端なことを言えば、植えた年から花見ができる木を植えてくださいと言われるんです。育てて、それから守りをして、それを楽しむという感覚は何もないですわ。庭というよりも、ものに変わりましたね。

　そういうふうに戦後は松の手入れがかなわんということで、槙《まき》が主木になりました。槙でもいわゆるラカンマキですわ。コウヤマキやないですよ。コウヤマキというのは、京都の場合はあまり使いません。でもラカンマキの値段が高いから、だんだんクサマキに変わってきたんですわ。どれも松のかわりです。槙は鋏《はさみ》でポンポンと切れますが、松はみな葉むしりせないかんから槙のほうが扱いやすいんですわ。

時代で主になる木が変わってきたことのひとつのわけは、要するに、手入れを簡単にしたいということです。

花とともに幹を楽しむ梅

京都では庭の木は、昔はほとんど松が主ですわね。梅というのは、一つは座敷から見る梅と、もう一つは昔のトイレ、手洗いの近辺、そういうところを飾る木です。やはり不浄の場所から出たときにふっと和《なご》むというのか、人に対する配慮として植えられたんやと思います。昔は暖房がないから、一番寒いところで尻をまくっておるのやからねえ。そこから出たときに、ふっと梅を見て、春の先駆けというのか、「ああ、梅もぼちぼちほころんでいるな」と。京都では、梅は「ほころびてくる」と言いますわね。そうすると、「ああ、春だなあ」という、気分転換ができるわけですわな。そういう要素を庭のあちこちにつくっていたんとちがいますかなあ。

座敷から見る梅というのは、いわゆる小景的なものなんです。あまり深く考えずに、松もあれば梅もあれば桃もあるというやり方です。棗《なつめ》の大きい手水鉢《ちょうずばち》が一時はやりましたね。ああいうところには、ほとんど紅梅の古木を使いました。梅は、香りと、花の色、形、風情と、それから古木になればなるほど幹のよさがありますわね。

古木探しという商売がありました。人にもそれぞれ栄枯盛衰があって、貧乏してどうにもならなくなったり、疲弊したときに家屋敷や家財道具を売りますやろ。梅の古木もそういうところの庭先から出てくるんですわ。そういうものを探しに歩く男もおったんです。それを俗に「トンビ」というんですけど、そのトンビも種類があってね。目の肥えているトンビはええもんを持ってくるし、駆出しのトンビはやっぱり安物しかよう見つけださんしね。まあ、目利《めき》きのいい古道具屋さんみたいなもんですわ。安物が数いる場合には、こんなもんを探してほしいというと、探しに行きよるのやから。

梅の古木の、よしあしというても、人の好みもあるんですわ。梅の木というても同じものはありませんわ。ぜんぶ違いますのでね。同じものは二本とないんやから。そのトンビを信頼しなきゃしゃあないんですわ。こんなんで、このぐらいのもので、と口で説明されますやろ。その人間とその話とが、もう長いつきあいの信頼関係でわかっているから、そんなんやったら、こんど、それ持って来なさいとか。

トンビはいろんなものを探し歩くついでに、いい木のあるところを訪ねて、「古うなったけ、もう替えなあきませんね」とかいうて、半分騙《だま》して入れ替えさすとかね。そうやって出てきたのを、畑へ植えておいて、五年から十年ぐらいかけて飼い馴らして、形を整える。仕立て直しをするんです。仕立て直しの仕事や何かは、植木の材料屋が、みなやるんですわ。やっぱりそれぐらいの時間がかかるものですわ。

最近、梅がなんか育ちにくくなりましてねえ。土がぼけてきたんですわ。梅というのはやや肥えたところの、やや湿度の高そうな、いわゆる地下水の高そうなところのほうがよくできるんです。ただし、そうして育てた梅をよその庭へ持っていくと、また調子が悪くなるんですわ、やっぱり。田んぼで育てた木を丘へ上げるとあきません、もうカッパと一緒ですね。

それで、そういう木の性格と、もとあった場所の土とか、持っていくところの庭の土、これをきちっと見ないことには、うまく育ちませんな。わしらは実際に見に行くときもありますし、見に行かないまでも持って帰ってきたものについている土から土目がわかりますしね。一本の梅の古木でも、そうやって何軒かの家をまわることもありますし、その家一代で終わることもありますわね。

梅も桜のように花がびっちりとつくんですわ。手入れのしかたによってつくんです。ですから、好みでそうしたければ、ぎっしり咲かせますし、一方の枝だけを生かして片方を枯らしてしまうとかね、そういうこともできるんです。それは、その場に合わすとか、木のふりとか性格を見て、仕立て直すときもあります。

生《な》り梅《うめ》というのはまた仕立てが別で、収穫の労力を少なくするために横に枝を広げますな。生り梅でも、放っておけばぶわっと上に上がりますわ。梅は育ちが早い木です。新芽が一年で二尺かそこら伸びますやろ。ものすごく生長が早い。

庭の梅でしたら、古木は幹を見るというのが、まず第一なんですわ。それにたまたま花が咲くだけのことですわ。

梅の若いのは、どうにもならんですわ。それで、梅に凝る人やったら、いわゆるいろんな種類がありますわね。マヤコウバイ（摩耶紅梅）とかカンコウバイ（寒紅梅）、ブンゴ（豊後）やとか、いろいろあるでしょ。それをまた、配色を適当に考えながら使いこなしていくんです。桜は花しかないですが、梅にはそういう幹を味わう楽しみがある。それで、わざわざ放っておいたら朽ちてひっくり返る古木を枕で支えるんです。あの支えを枕といいますのや。それで、また一つの化粧をするわけです。枕も支えるだけでなしに、庭の全体的な化粧なんですわ。

庭全体の化粧ということになると、梅の幹癖によって石を探していかんとしゃあないからね。そうやって石を据《す》えたら、場合によってはその石に合う梅をまた探すんですわ。すべてがあしらいなんです。あしらいながら、狭い庭でも、きゅっとまとまったものにするのが、その人のセンス、感性なんですわ。

とくに京都の場合は、皇室が大きく影響していますね。どんな場合でも皇室より派手にならんように抑える。そして、仏教関係の庭のときには、もっともっと抑えますしね。派手さをなくしていく。たとえば、椿《つばき》を植えるにしてもヤブツバキしか植えんとか。ヤブツバキは花が大きいなりませんし、葉の裏に咲くからあんまり目立たんでしょ。

そういうことがわびであるのかさびであるのか、わしにはわかりませんけど、やっぱり抑えるときには抑えるというのがあります。

松や梅の木の幹を楽しむというのは日本人だけですなあ。

やはり歴史が長い国やから、木の年代をまず楽しみますわね。そして幹がそこまでなる過程をふりかえる。これは見る人の思いや考えによって違うと思うのですけど、やはり歴史の重みを楽しむというのが共通してあるのではないんですかなあ。

時間という目に見えないものを考えさせてくれる直接的な対象であるということなんですわ。わしらが集まって話すときにも、これは何年ぐらいたっている木やろうとかいう話から始まりますからねえ。

幹を楽しむ木というのは、梅、松以外には、槇《まき》、それから京都では樫《かし》。これはアラガシのほうです。紅葉《もみじ》の古木、それから花梨《かりん》の古木もそうです。そのぐらいですかなあ。

檜《ひのき》、花梨、それから蟻通《ありどおし》、千両、万両、こういうものをみな縁起で植えたんですわ。「千両、万両、人に貸しても人には借りりん」ていうてね。

これらの木は、やはり幹を楽しんだり、とくに樫なんかは遮蔽《しゃへい》に使う場合もありますわ。樫のボクモンなんかは、主木に使う場合もありますわ。ボクモンというのは、幹のごっついやつ。これはアラカシでないとその味は出ませんね。関東にあるシラカシではちょっと無理ですな。

風よけに使う竹

竹は風よけですが、どっちかというと表やなくて裏に使いますわね。

京都は孟宗竹《もうそうちく》です。これは中国から持ってきたものか、日本列島が大陸からちぎれたときからあったものか、そのへんのことはわしらでははっきりわかりませんわ。

でも細工もんはみな真竹《まだけ》なんですわ。穂垣《ほがき》とか生け垣は真竹を使うんです。料理でも、このへんでは、孟宗を使うと、モウソウが出るというて、みな嫌がるんですわ。葬式のことをこのへんでは葬送《そうそう》といいますのや。モウソウと似てますわな。料理も昔はぜんぶ真竹です。今は孟宗竹もちょいちょい使うてますけども。葉を使うときも、真竹は葉が薄うて丈夫やからね。孟宗竹はもうほとんど使えませんわね。重とうて肉が厚すぎて。

竹の種類をこれだけ愛《め》でるというのも、強い生命力と生長の早さに加えて、日本の場合はそこらにいっぱいあるからですやろ。ありすぎるほどあるし、わりに丈夫で、簡単に取替えがきくんですわ。

竹と笹の話がよく出ますが、どれが竹でどれが笹か、わしらでもまだわかりませんね。皮が剝ければ竹で剝けなければ笹だと、そのようによう言うんですけど、学者にいわすと、そうでもないみたいですしね。わしらの商売では、笹というのは、下にあしらいに使う程度ですわ。

筍《たけのこ》を採るときに、手当たりしだいに採りよる人がおります。わしは、ちょっと待てというんですわ。筍を全部取ったら、新しい竹は一年待たなできへんやろと。

いつも青々とした竹がそこにあるもんだと思ったらあかんて言うんです。今年の採り方しだいで一年先には、それに合わせて筍ができるかできないかもわかるというんですわ。

竹藪というのは一坪に一本立つようにしていくんです。ですから、筍を採るときに掘る筍と残す筍とを決める。これを「坪一《つぼいち》」というんです。うまいこと考えてますわ。坪一ぐらいの竹林が、見た目にもまたきれいなんですわ。

京都で見るような竹林の竹はそのまま放っておいて、ああいうふうに美しくなったんではないんです。ちゃんと地面に日が当たるように、竹の頭を飛ばしてしまうんです。京都の場合、筍を採るところでは、筍が出てきた柔らかいときに、竿の先に鎌をつけて、親竹の頭をバーンと落とすんですわ。そうすると、竹林のなかにも日がよう当たるでしょ。坪一の幅で照射率を合わせておくわけです。

京都の竹は、みな生まれた年の干支《えと》を書き込んでおくんですわ。三年か四年ぐらいすると、それを切るんです。ひねてくると筍が出んからね。よぶんなものは切って若い竹を育てる。そのために何年の竹かわかるように印がつけてあるんです。それで狭い面積でうまくやっていきよるんですわ。竹は筍を採るだけでなく、切って薪《まき》にしたり、時には川をせき止める柵《しがらみ》に使うたりね。それから、壁を貼るときの竹串やらにみな使うんです。建築材料の竹串は真竹でないとあきません。孟宗竹ではだめなんですわ。

屋根屋の打つ釘もみんな竹ですな。釘にする竹は釜で煎《い》るというか、油抜きをするんですわ。油抜きをしないと虫が入ったりするんでね。油抜きをすると、真っ白になって、またきれいに上がるんです。それも昔はぜんぶ炭で炙《あぶ》ったものですがね。今はバーナーでやりますやろ。それでもうひとつうまくいかないですね。

紅葉は隠れたおしゃれの木

紅葉《もみじ》は、着物でいうたら襦袢《じゅばん》みたいなものですわ。あまり表に出ずにちゃんと用をなしている隠れたおしゃれというのかねえ。

種類はなんともわからんですわ。硬い紅葉を使うところもあれば、さらっとした紅葉を使うときもありますしね。それはやっぱりその庭の状況によってとしかいえませんね。

紅葉は山手に多いですやろ。この木はどちらかというと陰樹《いんじゅ》やから日の当たらんほうがきれいに、ようできよる。日がよく当たる町中ではやっぱり育ちませんしね。ですから、場所を選んでうまく配置するんですわ。

紅葉そのものは、どちらかというたら、山の感覚です。扱う側からいえば、山の風景の一つみたいなものです。それが、そうでなくなったのは江戸で、町中でつくるので、ノムラ（野村）とかデシオ（出汐）とかいうああいう赤い葉のものを、ことさらにはでやかに出したんですわ。

京都の場合は、一本ぐらいを植えて数多くはあまり植えません。

庭のためのいい土とは

土はすべて一握りやていうんですわ。土は一握り握って、パッと開いて、固まっていたら粘土ですわ。開いてバラバラッてしたら砂なんですわな。土というのはグッと握ったとき団子になって、手をパッと開いて、つぶせば元に戻るのが土や、というんですわ。それがフニャーとしてたら、泥というんですわ。

そのなかに礫《れき》が混じっているか、砂が混じっているか、また、他にもいろいろ混じっているものがありますわな。そやから、五感をはたらかすというのは、みな土に集まっているというのですわ。

土をなめることもあります。それは酸性かアルカリを見るためと、それから灰汁《あく》が強いかどうかということがあるんですわ。そういうことはなめてみると、ちょっと渋かったり苦かったり、やっぱりわかります。土によく接してきているからわかるんです。

庭をつくるときでも、理想的なことをいえば、更地《さらち》をこしらえたら、一年そのまま遊ばせておくのが一番よろしいんです。そうすると、土も馴染んできますな。いまは家が建ったら即つくってくれですやろ。

一年寝さしておくと草が生えるんですわ。その草の生え方によって、いけるかいけんかがわかりますしね。ややこしい草が生えておったら、もうまともな木は植わらへんし。それはみなやっぱり違います。今みたいに、あちこちから土を持ってくるようになると、本当はよけいに寝させないかんのです。

そのうえ、いまは建築に重機を使うものやから、土を踏み固めてしもうとるでしょ。上辺が軟らこうても、いっぺん踏み固めた土は、なかなか元に戻らへんからね。固いものはできるだけ和らげるとか、なんか対応は考えはしますけど、なかなか土というやつは、馴染まへんからね。とくによそから持ってきた土は。それでも、どんどん葉が落ちたりなんかして表層土ができてくると、また変わってきます。寒いところの土は一冬《ひとふゆ》寝かせておくと、表面がボロボロになるから、だいぶ変わります。その土地の風土とか、気候に合わせて、土が馴染んでいくんですが、なかなか簡単には馴染みませんな。今は土地を寝かせる余裕がないんですね。寝かせたほうがいいのやといっても我慢ができきんのですわ。

土も、今は昔のようないい土がないんです。

いい土がないというのは、あまりにも里を潰《つぶ》しすぎたからですわ。これまでは市街地があって、里があって、山があったでしょ。今、その里というものが、もうほとんどないですわ。市街地と山だけになってしもうたからね。

大きな川の流域がそうですやろ。百年に一回か二百年に一回、川が大氾濫《だいはんらん》を起こしよる。その氾濫がもたらした土がいい土でした。そのかわり、犠牲もある程度出よるけど、元へ返してくれて、また一からずっといいものをつくっていく。

山でも大きな台風があったり、大きな山火事があったりすると、自然環境は大きく変わっていきますわ。でもその後、自然はまたうまいぐあいにできていきよるものね。そういうことを、今はすべて災害という言葉で事をすましてしまいますやろ。恩恵の部分は全然考えないんですわ。

昔から日本人は、災害までを生活のなかに組み込んでおったんです。昔から川の近くにいる人は、川のよさも恐さも両方知っておったしね、山でも海でもそうなんですな。川が怒ったり山が怒ったり海が怒ったりするときには、人はみんなやっぱり退いていたんです。治まってから、また出て行って、うまいぐあいに共存しておったのやけどね。今は、川をなぶりすぎたために大きく荒れたのと違いますか。

山もそのとおりや。今は川が樋《とい》になっているのやから、海がきれいなはずがないですわな。樋やから、もろに海に流れ込んでしまって浄化作用も何もないですわなあ。

里のいい土というのは、自然がつくりだしたところへ、なおかつ人間が手を入れていったものやからね。それでうまくいい土ができていたんですわなあ。その土が植物を育てるのによかったもんですから、木も草もそこに適したものが生えておったんですわ。適さないものは、種をまいても、やっぱり消えてしまいます。これは京都に限らず日本国中どこでもそうなんやけどね。

里にいい土がなくなったのも、自然の摂理というか、そういうのをなくしてしもうたからね。

庭をつくるときも、わしらはただいい土を持っていくんやなくて、できるだけ現場の土に合わすようにするんですわ。全部の土を取り替えることができれば別ですが、部分的に持っていっても、結局、馴染まないのです。一時はいいんですけども、土が馴染まんことには、植えた木もやっぱりうまいこと育たんしね。そのへんはむずかしいところですわ。持っていった土を、向こうの土に馴染ませるためには、やはり時間がかかります。そりゃ最低五年から十年はかかりますわな。

それもたんに木が馴染むようにしてやるというのじゃなくて、ほかの木と競争できるようにしてやるんですわ。木は単一では育たへんのやから、ほかの木と一緒にして競争させるのです。生き抜こう、負けまいとして、木は土に馴染みます。そういう木の力を生かすようにするんです。木は保護するだけではいけません。

保護でなしに、やっぱり育てる、自分の力で生きるようにさせてやるという気構えがなかったらあきません。デザイン的につくるだけやったら、そんなん、いくらでもできるんですわ。植えたものをどう育てるかというのは、当然その木の性格をきちっと見込んで、その土地の気候風土を把握せんことには、まずうまいこといきませんな。

昔は土地の植木屋がその土地でみなやったもんやけどね。土運ぶにしてもせいぜい、大八車ですやろ。そんなに遠くへは持っていけませんわ。ですから、その土地の土と馴染ませることができました。今はもう運送が楽やから全国に散らばってしもうて、その土地に合わせるということなしに木を植えてしまうから、だめになってしまうんですわ。

顔も目もある石のこと

石の目方は、昔は才《さい》（石材の体積をはかる単位）二十五貫というたもんです。一尺角立方の石がだいたい一才＝二十五貫です。今でも一立方メートルの水が一トンで、一立方メートルの石はおよそ二・五トンから二・六トンぐらいです。三トンまではいきませんが、これは石の質によってもみな違います。

わしらも石垣を組むこともありますが、今は楽ですわ。レッカー車で運んでいけるから運ぶのも積むのも楽です。昔はぜんぶ二股《ふたまた》か三股《さんまた》のチェーンブロックでガラガラ、ガラガラ引っ張り上げていたんやからね。わしらの使うチェーンブロックはぜんぶチェーンを伸ばすんですわ。だんだん上げていかないかんのやから。そういう意味では、今は扱うのは重たいものほど楽なんですわ。人間は持たんでもええからね。機械や道具があるから楽なんです。ただ人間の持てる限界ぐらいのやつが一番かなわんのです。どうしても人間がやらないかんから。

機械を使って楽してたのはいいんですが、困ったこともおきました。扱っている人間が石の重さを実感としてわからなくなるし、吊るすワイヤーの掛け方もわからんようになってきてしまったんです。わしらは、自分の身体を通して何度も石をひっくり返したり、チェーンブロックでガラガラやっているから、この石はだいたいこれぐらいの重さやろというのがわかる。しかし、今はレッカー車でボーンとひっくり返しよるのです。レバー一つでいけるのやから石の重さを身体で知ることはないし、どんなものかも見当がつかんようになってしまいました。そやから石の重さや重心の位置がわからんのです。

　石を上げるときは楽なんですわ。上げるときは危険が少ない。ところが逆に高いところから下ろすときが恐いんです。重心がずれていればゴローンといきよるから。そういうことが、今の人には、もう感覚的にないんです。石をどんなふうに置いたら安定するのかと言いましたら、ゴロゴロッと転げてきた石が止まったところがその石の安定した位置なんですわ。

　それと石には顔がありますわな。それ以外にもなおかつ目があって、景石《けいせき》に使えるものと、捨て石にするか、石垣に間に合うかということがあるんですわ。質の軟らかいものは、石垣には全然あきませんしね。ここら京都の山越は、冬場は凍《い》てよるから軟らかい石やったらボロボロになるんですわ。

　庭の文化が大きく変わったのは、コンクリートが進出してきた経済の高度成長期です。昔は、自然石をそのまま張っていきました。そうすると一坪張るのに、三日も四日もかかったんです。コンクリートだったら、今日さっと流して明くる日には歩けますからな。

また女の人の履物にハイヒールが多なってから、目地《めじ》が変わってきよった。目地というのは敷石のつぎぎわのことですわ。昔は、目地はやや深めにしていたんですわ。ちょっと粗めに組んだんです。そうすると一つひとつの石のよさが出る。ところが、最近ではそこへハイヒールの踵《かかと》が入るというんですな。そのため目地のあいだを詰めて平らにしてしまった。そうしたら石の味が出んようになってしまいましたわ。

下駄《げた》だとか雪駄《せった》をはいていた時代の目地はもっと広かったんです。間が三分ぐらいですかな。それぐらいだと石の個性が出しやすい。生きるんですわ。そういうのは石を絶対加工しないからね。そのままのものを選《よ》り出して組み合わせていくんです。

やっていけないのは、通り目地、四つ目、八つ目は絶対に避けてました。四つ目も八つ目も、すぽっと抜けよるんですよ。通り目地もあきません。一つゴトッと動いたら、必ずぜんぶ動くんですわ。おたがいの石が力を出しおうているようにするのと、模様とを、うまく使うていくんですわ。こういう石の置き方、配置のしかたはいわゆる勘ですわね。

図面で書いても、あきませんわ。図面のとおりの石なんてないんです。一番困るのは、そういうことですわ。学者やとかコンサルタントとか妙なものばっかしが出てきてしもうて、実際の作業のことや現場のことは何もわからへんということですわ。石を工場から出てきたもののように扱っていますが、そうやないんです。だから、絵に描かれてもそんな石はないのやから無理なんですわ。図面でなく、実際の石を見て初めて、わしらがいいと思うように組んでいくんです。

ですから、まず石の産地、質、そういうものがわからんと仕事はできませんね。形はなんぼでも整えられるし、そういうことはできるんですわ。

城の石垣などに見られる石積みに間知積《けんちづ》みがありますが、あれも自然石の原理をそのままやっていますわな。間知石というのは、面《つら》はほぼ方形で後ろが尖《とが》っている角錐形《かくすいけい》の石ですわ。この石は、後ろへひっくり返ろう、ひっくり返ろうとしますす。そのひっくり返ろうとする力を、土圧で抑えていくんですがね。それで、前へ転げる力を加えて、後ろへ転げようとする石を無理に前へ行かそうとするからバランスがとれているんです。

石垣で石同士の面が合うているのは、ほんのわずかですわ。極端なことをいうと、点で触れているだけです。ずっと積み上げていくと、だんだん目方がかかってきよるから間知でもバシッといって割れますわ。バシッというたら、それで詰まるんです。割れてもいいんです、割れんとあきません。こういうバシッていうのを、石が泣くといいますのや。そうすると、こんどはガチッと止まりよるから安定するんです。知らない人が見れば、割れてきたとか、夜中におかしなったとか、よういうんですわ。

木もそうでね。植えてから二、三日したら、必ず赤《あこ》うなって葉がパラパラ、パラパラ落ちてきますわな。葉がおちてきたというのは根がついた証拠なんですわ。ところが、素人は、それが危ないと思うわけですわね。もう枯れたとかいってよう電話がかかってきます。これは木が自分でよぶんな葉っぱを捨てていくということなんです。生きられるぶんだけ残して落としてしまいます。葉が落ちるということは、自分で調節できるようになった、もう根づいたということなんです。

石張りには漆喰

庭に石張りをしようと思ったら、今の人はコンクリートでやっておけば、即使えるのやから、それでいいっていうでしょ。コンクリートはさっとできて、すぐに使えるんですが、ひびが入ったりしたら潰れるのが早いですわ。

昔は目地にしても伝《つたい》にしてもみな漆喰《しっくい》でしたな。この漆喰というのは、石灰質の土やカキ殻などの貝灰と、ふのりを練り合わせた白い接着剤で、壁や天井を塗ったり、石や煉瓦をつなげるために使うんですわ。漆喰やから地面に馴染んでますわな。同じ土同士やから。適当に湿気を含んだり適当に乾燥したりしながら、きちっと合うとったんです。

漆喰の土というのは、地方によって漆喰になる土のあるところと、ないところがあるんですが、漆喰を打つには、ニガリを入れます。しかしその入れ方が、その土地土地によってみな違っていて、どのぐらいのニガリを入れたら締まるかというのがその地方地方にあったんですね。

その違いは、気候と風土によるものです。そこの土地の人はみなその割合を知っておって、それで、みなやっているんです。そこの気候、風土、土に合わせる。それが日本の文化やったんです。でも今はそれもなくなりましたな。

京都の場合は、漆喰には深草《ふかくさ》というて、いい層があるんですわ。あの上質な和風住宅や茶室に使う聚楽《じゅらく》の壁は、京都の聚楽の土地だけにあるものですわ。茶褐色のあの色は鉄分を含んだ土でね、それも今はなくなってしもうて、人工的に鉄を入れているんです。やっぱり天然のものとは違いますな。

いまは石と石の間の目地は、みなセメントです。セメントですから、降った雨や撒《ま》いた水は上を流れるだけです。染み込むということはないですわ。

ふつうの建築では「粗壁《あらかべ》一年、中塗《なかぬ》り半年」というんです。それから、上塗《うわぬ》りするまでは三年かかるんです。庭の漆喰は下から土が出てきてくれるから、そこまでせんでも大丈夫です。でも、芯《しん》まで乾くのには、やっぱり一カ月ぐらいかかります。

石を並べて漆喰を埋めていくんです。いまは漆喰も塗っとるからあかんのですわ。昔は、みな、ドンドン、ドンドンと叩いたもんやからね。

そういうことは、もうすっかりみんなわからんようになってしもうた。容器もそうですやろ。昔は木の桶《おけ》しかなかったんやから、適当に湿《しめ》らしておかんことには乾いてしもうてあかんし、また、湿りすぎると早く腐る。適当に、外へ出したり、中へ入れたりして使ったもんです。

桶にも使う順序がありますな。まず一番最初は酒樽《さかだる》ですわな。それからつぎは漬物《つけもの》やね。無駄がなかったんですわ。

最初の酒のときはずっと水が入っている状態、湿っている状態です。そして、それを漬物桶にすると、こんどは塩と糠《ぬか》で覆《おお》っていくものやから、まず腐らんわね。木の表面からそうやって塩やら糠やらを染み込ませて防御壁をつくるわけです。そして、中に物が入っているから箍《たが》がもつんですわな。箍というのは外から締めとるのやからね。はじけよう、はじけようとするやつを締めておるのやから。

今のようにプラスチックの容器になってからは、全然そういう感覚がないですわな。割れたら、もうそれで終わりや。木の桶やったら、ちょっと口が開いてきたら、また水に浸けておく。そうすると、また木も締まりますわな。

年寄りがおらんようになったのと、プラスチックのような便利なものができて、すっかりそういう知恵がなくなりました。日本の国は、湿度の高い気候風土に、うまい具合に生活用具をあわせて利用していたんやけど、漆喰をはじめ、そういうものがもうみんななくなってしもうたから。

灯籠の揺れる明かりは客への心づかい

今は個人の庭というのは減る一方ですわ。それから、つくっても、ほんのささやかな庭ですわね。庭もそういうものに変わってきて、とくに灯籠《とうろう》を使うということはなくなりました。

石の灯籠というのは、もともとはお寺の本堂の前にある灯明《とうみょう》なんですわ。本堂の前に一基あるものです。二基あるものはだいぶ時代が下ってからです。法隆寺、東大寺など奈良の古いお寺へ行くと、みんな一つなんですわ。平等院でも一つしかありません。

宗派によって多少は違いますけれども、本堂の前に池があるんですわ。そこで在家の人間と出家の人間とがはっきりとわかれて、在家のいるほうが此岸《しがん》で、仏様のいるところが彼岸《ひがん》なんですわ。それで、此岸にいる在家の者が彼岸へ行けるのは、春と秋のお彼岸の時期だけですねん。本堂の前にある灯籠は向こう側、彼岸のほうにあるんですわ。

灯籠はもともと灯明だから、灯を点《とも》すためにあったわけです。土器《かわらけ》に油を注いで点していたんですわ。中に油壺というか、丸い土器材があって、火を入れるんです。古いものは、それがみなきちっと残っていますね。

灯籠を庭に持ってきたのは、お寺のものを模作して取り込んだのが始まりやないかと思うんですわ。灯明というより明《あ》かりなんです。その庭に露地があるときには、足下明《あしもとあ》かりというて、生込《いけこ》みに小さい灯籠を生けるんですわ。背の高いのにすると、目に光が入るので避けるんです。それを足下明かりといいますが、それがまた露地行灯《ろじあんどん》になったり、いろいろ変化していきよるんですわ。

足もとが見えるとか見えんとかいうより、明かりをおいて情景を楽しんだのですわな。ですから、その家の亭主が明かりを入れるのが本来なんですわ。それは客のあるとき、客に対するもてなしなんです。露地行灯がそうですわね。お客さんが来るときに蠟燭《ろうそく》を点けて、中におるときには消えていますわね。それで帰る前にまた火を入れて、水を打つんですわ。これも客に対する心遣いです。

ですから、庭を見たときに、まず松があって、その前に灯籠がある場合、ちょっと斜めにある場合、それと露地の交差するところの正面にある場合とかいろいろですわな。

ところが、今は灯籠に明かりを灯《とも》すんやなくて、電灯を入れてますわなあ。電気を入れたら点《つ》いているだけなんですわ。しかしそれでは情景は出てきませんわなあ。蠟燭や油だと、明かりが揺れよる。ほのかに揺れるものから日本人は何かをつかみ取ることが多かったのではないですやろか。

灯籠はほとんど油です。蠟燭は上がつかえる場合があります。灯芯が多いですからなあ。あんな狭いところやから、そう長いあいだ点けるもんやないからですやろ。

この間の阪神大地震のときは庭の石灯籠が、みな揺れました。新しいものはそれで壊れましたけど、昔のものはみな枘《ほぞ》で止まっておるさけ、ひっくり返りませんでしたな。

今のがなぜ倒れるかというたら、理屈に適《かの》うたことをしてないからです。形だけつくってあるだけで載せてあるだけやから。形だけの時代になってしまったことに誰も気づかないんですな。灯籠だけやなくて、みなそうでっせ。

池の楽しみ方とは

池というものは、昔は近くに小川があったからつくっただけのものでね。水がないのに池をつくるアホはいませんわなあ。そのかわり、枯山水《かれさんすい》というものがありました。これは水を使わないで、砂や石で山水、つまり山と川、自然を表現するやり方ですわ。うまく川を取り込んだと見立てるわけですな。理屈に合わんことはしてないんです。今は池川がうまくできないから、水道を引っ張ってくるだけのことですわ。水道を引っ張って、水を循環させておるだけです。

池の注文もたまにあります。一時、鯉を飼うのがはやったときはだいぶありましたね。池にも、はやり廃《すた》りがありますね。水道の水のように循環させる方法には変化がないんです。つねに同じ容量が流れてくる。ところが川の水というのは、やはりどこか違いますわ。枯れてみたり、細くなったり、たっぷりだったり、いろいろありますからね。それがおもしろみやったんです。

水を落とす石組《いわぐみ》の方法にも技巧があるんですわ。石に当たった水が跳ねてバラバラになるようにとかね。そういうものは、自然の谷川を見に行って、石の埋め方を考えたりしますな。

平安時代のころの池というものは、船を浮かべて、詩歌管絃をはじめ貴族趣味の別世界をつくっていたところでしょ。そのころの石組はほとんどが蓬萊式《ほうらいしき》の組み方ですわなあ。蓬萊というのは中国の神仙思想で説かれる理想郷の一つで、東方の海中にあって不老不死の仙人が住むところですわな。池の中にその蓬萊島をつくって、それに見立てたわけですわ。だんだん時代が下ってくるようになると、一つ、または多数の石で鶴島、亀島をつくる鶴亀の組み方になっていきよるし、さらに時代が下がると、こんどは池泉回遊式《ちせんかいゆうしき》という大きい池をつくってその周囲をそぞろ歩きする、そういう作り方になりますわな。それから禅が出てきたときには、枯山水がはやりました。これらはすべて見立て、想像力で楽しむものなんですわ。

今は庭を注文してくれる人も、そういうことからはまったくかけ離れてしもうて、まず金のかからんようにすること、手入れができるだけ簡単なこと、それと歩きやすいこと、もうそれにつきますわ。

庭をゆっくり歩くとか、見て心を和ませるということは、まずないですね。庭があるということだけでいいみたいですわ。それよりも、家の中で空調をかけてテレビを見ながら酒を飲んでるほうがよっぽど楽でしょ。遊びの意味がまったく違います。

生け垣に使う樫や竹のこと

生け垣は、柔らかな味を出すというのが主眼やないですかなあ。塀で囲うということはあまりしなかったんですわなあ。これは目隠し程度ですわ。

生け垣にもいろいろのやり方があって、見られてもどうということはないところには、ここがうちの仕切りですよという程度ですわな。目隠しのときは、中からは見えても外から見えんようにつくりますやろ。それで、ちょっと石垣を積むとか、そうなると、後はもう技巧ですわねえ。

京都の場合、生け垣に使う木はアラガシが多いですわ。

手近にあったということと、それに手入れが簡単ですからねえ。種さえまいておけば生えるものやから。ほんま、簡単に生えまっせ。それに大きいなります。あれで毎年刈るもんやから、大丈夫なんです。常緑で、いくら刈っても芽が出るという習性をもっているから使いやすいということもありますな。樫は長生きしますしね。京都御所の中の通路の垣も、ほとんどアラガシばっかりでっしゃろ。

竹を使った垣根にもいろいろありまっせ。まず一番きつい竹垣は矢来垣《やらいがき》ですわな。もう完全に外敵の進入を防ぐために先を尖らして組んだ垣ですわ。

京都の場合の生け垣の始まりというのは、光悦寺垣《こうえつじがき》ではないですかね。あれはもともとはイノシシよけなんですわ。それを竹藪から拾ってきた材料で適当にやっていたんですわ。後にそのイノシシよけが境界の意味になり、それが袖垣《そでがき》になったり、青竹を縦横に組んで棕櫚縄《しゅろなわ》で結えた四つ目垣になったり、化粧垣《けしょうがき》になったり、工夫していろんな形になっただけのことですわ。竹も簡単に手に入って、細工しやすかったからでしょうな。

竹は長持ちしないけど、青竹に変えると、気分が大いに変わりますやろ。そういう変化を楽しむ意味もあったと思うんですわ。正月前には、竹をみな替えますのや。やはり年の始まりを、新しいものに替えて、すべてを一新するんですな。

垣を取り替える作業は冬場の植木屋の仕事です。この季節にはほかの仕事がもうないんですわ。

竹もそのころが一番いいんです。盆がすんでからの竹は腐りにくいから。水が上がらなくなるので、この時期に伐った竹は長持ちしよるんです。その竹の垣をずーっと替えて、庭の掃除をちょっちょっと手伝うて、ついでに門松をつくっていくとかしたもんです。

京都の場合は、真竹《まだけ》の竹藪が近辺にみなあったものやから、化粧垣や袖垣やらが簡単にできるんですわ。

昔は棕櫚縄というのはなかったですな。棕櫚はずっと後なんですわ。みな蕨《わらび》の縄です。蕨縄は四月から五月ごろ、蕨を刈ってきて、ある程度乾かして、それで綯《な》うていくんです。これが本来の蕨縄《わらびなわ》で、お茶席なんかでは、いまでも蕨縄を使いますわな。そういうふうに、材料は手近なものを、みな使うています。

袖垣をつくるにしても、黒文字《くろもじ》でも、萩でも、材料はそこらにいっぱいあるのやからね。それを刈ってきてつくるだけのことですわ。庭作りの素材は、みな、そうなんです。近くのものを適当に持ってきたらええのやからね。

黒文字なんかも刈る時期があって、秋小口に刈るんですわ。夏に刈ると、すぐ腐る。水が上がってきよるから。秋小口、水の上がるのが止まりかけて、紅葉する前に刈って、山で葉をみなしごくんです。そういうふうにして持って帰って、ちょっと寝さしておく。一本ずつ、陽の当たらない、風の通るところに立てておくんです。そうして癖を直す。湯を沸かして、それにあてて、キュッキュッと癖を直すんです。

それが冬の仕事なんですわな。冬は外であまり仕事ができへんから、そういうときに室内でそういうものをみな直していく。それから、縄を綯《な》うたりね。筵《むしろ》をこさえたり。それが冬の仕事です。

そしてたまには施主の煤払《すすはら》いまで手伝うて帰るとかね。またこのごろは少なくなりましたが、雪が降りますと、三月に降る雪で枝折れすることがあるんです。そのときには、また枝の雪を叩きに行きますわな。それというのも庭は、つくりあげるというか、ずっと育てていくものやから、植木屋も半分は参加しているからでっしゃろな。これにはお得意に対するサービスと、それからちょっとしたタバコ銭稼ぎみたいなとこもあるわけですわ。こういうのは、信用がなければできませんのや。

昔は、どこの何某何兵衛の若い者の誰ていうと、施主にもみなわかっていて、おたがいの信頼関係が出来上がっているから、それで仕事がなりたっていましたのや。そのかわり庭の手入れに行っているときは、留守番まで頼まれますわなあ。「何時ごろまでに帰ってくるさけ、頼むわなあ」といわれて。それで、「ひょっとしたら、誰かが集金にきたら、これを渡しておいて」というて金まで預かる場合もありましたな。

京の庭、関東の庭、西洋の庭

こういうと関東の人は怒るんやけど、関東では徳川時代までは庭の文化いうものがなかったんです。

徳川の時代になって、武家とそれから町人が完全にわかれましたわね。武家は権力を握っておるから、それに対抗するために商人は金を持ったわけですわな。権力と金力の分離です。商人は武家に対抗するために金を持ったもんやから庭をつくるとき、家を建てるときには金にあかしたものが多くできましたわな。木なら木で、これが一本いくらしたとか、この石はいくらしたとかという作り方なんです。京都の場合は、さりげなく、さりげなくつくっていくんです。というのは、皇室に対して控えめなところもあったしね。京都で町人が荘園のようなものをつくったのは明治からですわ。いわゆる財閥ができてからです。

財閥ができるまでは、そんなんと違うて、とくに京都の場合は、間口で税金を取ったものやから、どの家も間口が狭いですわね。それで、茶室に付属した露地《ろじ》庭《にわ》とか、商家などで、土間をつっきって中戸を入ったところにつくられた中庭《なかにわ》とか、それから建物の間や、塀や垣で囲まれた狭い坪庭《つぼにわ》をうまくつくったんです。

坪庭は一番むずかしいですわ。限定された条件がいっぱいあるから。わずかな面積で、すべてを表現していかないかんものやからね。坪庭の場合は、狭いし木があまり育たへんから、うまく合う木をつくっていかないかんし、中庭の坪庭というのは、また表と奥との遮蔽《しゃへい》の意味もあるでしょ。そういうことで、化粧垣《けしょうがき》それから袖垣《そでがき》、ああいうものでおもしろいものができてきたんです。

日本の建築には壁面に蔦《つた》をはわすというのはほとんどないでしょ。蔦をはわすと、まず夏やったらムカデやらいろんな虫が繁殖しよるから、日本の場合はほとんどやりません。それと壁から水を落とす壁泉《へきせん》もないでしょ。日本では冬場に、みなバーンと割れるんですわ。そのかわり、日本の庭は滝が多い。外国はみな噴水です。順番に落としていく滝はありますけど、滝の庭は少ない。

西洋の人には目の前を遮《さえぎ》るのを嫌うところがあるんじゃないですかね。たとえば、飯の食い方がそうですな。日本人の場合は、必ず角、あるいは壁際とか窓際とかを選んで、真ん中を嫌がるでしょ。ところが、とくにフランス人などは真ん中へ行きますわな。というのは、みんなの見えているところで、自分が一番いいものを食っているということを見せたいらしいです。飯を食うときでも、そういうことを外でやりよるんですわ。そこへいくと、日本人は控えめや。ほとんどコーナーとか壁際とかに、先に決めていきますやろ。

庭の作り方も、向こうは、庭はすべてオープンであって、オープンスペースはオープンでという考え方ですな。そしてプライベートの場合は、プライバシーを守るためにもう完全に遮断《しゃだん》します。

湿気の多い日本の庭作りにおいては、湿気《しけ》るところへは、まず水を持っていきませんわね。南は光が当たるのやからこうして、北は陽が当たらへんのやから、とそのようにまとめていきますわな。

西洋の庭園はいわゆる自分というものをいかに人に見せるか、自分を表現するかだけに関心がありますわな。財があればこれだけの財があるから、これだけのことをするんやと、こんなん真似できるかいと、もうわーっと見せるわけですわな。そこへいくと日本人の場合は、慎ましやかにということですかな。

外国に行って日本の庭をつくると、外国人が日本の庭をどういうふうに見ているかということがわかりますな。まず禅の思想はほとんどの外国でいちおうはわかりますわ。禅というものからいくと、わりあい受け入れられやすいんですわ。

空白の白い部分とか石の立て方とか、いわゆる大小三つの石を三尊仏になぞらえて組んだ三尊石組《さんぞんいわぐみ》とかいろいろありますわね。説明すると、中身は何かようわからんけれども、これが禅かという、それぐらいの感覚ですな。また、外国の人が思い描くのは太鼓橋があったり灯籠があったりする絵はがきによくある庭ですわ。そういった絵はがき的な庭は、なんとか理解はできるんですけどね。美しいというよりは、日本的やと思うんですわ。

だから、お茶席というようなことは全然だめですわな。なぜ畳に正座するのかというようなことはまず理解できまへん。ひとつの型にはまってなぜこんな苦しいことをやらないかんのかと思ってますわ。そんな感覚ですわ。

飛び石なんかもわからない。あれは、やはり草履《ぞうり》の世界の趣きであるのでね。靴では意味がないですわ。草履裏の感覚、そういう味わいもって飛び石を渡って、雨が降ってもその雨は両側へ流れるというような、そういう細かい配慮の意味がわからないですわ。

しかし、これは生活が違うのやから、しかたがないですわ。とくに「つくばい」などは無意味ですわな、向こうの生活からすると、手を清める、すなわち心を清めるとか、そういう感覚はまずないですわな。なんのためにあんな非合理的なことをするのかと思っとるでしょうな。向こうでいうクリーンとはただきれいにするだけのことやからね。

日本にはいわゆる含み言葉が多いですわな。そのなかからいろいろな作法が生まれますな。作法というのは、一つのルールですわ。合理主義の西洋から見たら、こじつけルールかもしらんけど。狭いところをいかに広く見せようとか、広く使おうとか、そういう感覚でやってきましたわな。日本の生活は、この国の気候風土のなかのものやと思いますわ。それが庭にもあらわれているんですが、それが生活の違う外国の人にわかるかどうか、もしかしたら、今の日本人にもわからへんのやないですか。

Ⅳ 自然と昔の人の知恵

大切な自然を理解する心

平成八（一九九六）年は季節が遅いといわれた年やけど、人間が考えるから遅い、ずれていると思うんでしょうが、自然の木やらは関係ないですな。こういう寒いいっぺん寒さに打たれると、木の芽はしっかりしよるんですわ。ヒョロヒョロ年の木の芽の出方というのは、みなグッと強く出てくるんですわ。ヒョロヒョロじゃないですな。わりにしっかりしています。夏がこれだけ暑くなっても、みないきいきしとる。冬に雨の多い、温かい年の芽はニューッと伸びて、夏になったら、枝枯れが起きてボロボロしよる。寒い年の芽はそれが少ないですな。

さあ、これがいいのか、どうか。これもやっぱり二、三年せんとわかりませんわな。自然の答えはすぐに出ませんのや。京都近辺では、平成八年の夏には蟬《せみ》が全然鳴きませんでしたやろ。蟬が出てませんのや。やっと鳴きよったのが七月二十九日ですよ。それも何が鳴いたかというと蜩《ひぐらし》ですわ。

夕方になったら蜩が鳴いて、朝は鶯《うぐいす》が鳴いているんです。まだホーホケキョですわ。たまには谷渡りでケキョ、ケキョというとるけど。ということは、ああいう鳥や蟬はその時候に合わして山へ入るのやから、山で今、なにか変動が起こっているのか、これから起こりそうなのか、それを考えますわな。蟬の場合は、七年前の陽気まで考えておかんとあかんもののやからね。

だから、どういうふうにしていったらいいのかねえ。木の剪定《せんてい》をしていても、やっぱりちょっと柔らかめにしないとだめなんですわ。こういうときは強剪定というて、強めにすると木が弱るんです。木自身がそれだけ力が出せない状況にあるということです。それを見てやらんと。生きものは生きるために自分で調整しとるのやからね。それも木によって芽の出る場所、剪定をする時季によって、出方が違うしね。そういういろいろな細かいことまで、癖というのか、木の性質を知らんことには、この仕事はどうにもなりませんわ。

ですから植木屋もやっぱり丸っぽ一年、下積みを続けて、接していかなあきませんわな。下積みというのはただの下働きではなくて、肌で覚えていく時期なんです。本を見ただけではだめですな。教わってもわかりません。接してみないと、わかるはずがないですわ。

うちに弟子に来る人もそうですが、入ってすぐに「何年ぐらいで覚えられますでしょうか」と聞いてくるんですけど、それは、早い人は一年で覚えられるし、覚えへん人間は死ぬまでわからへんというんですわ。

日本人はここまで地球が荒れてしまってることに、気がつかんのかね。生活が楽しすぎるからかね。金にまかして、みな外国から物を購入して、それでやっとるのやから、そういうことに気がつかんのかね。人間のいのちをつないでいくものすら日本でつくってないのやから。自然のことに無頓着で、理解しようという気もないんでしょうな。

植物が育つ育たんよりも、今の人はそういうことに関心がまずないでしょ。直接的に人間のためになるということはほとんどないけれども、生きるうえで裏方をつとめているのが、人間以外の動植物ですわな。その動植物がおるから、人間も生きていられるわけです。人間は、まったく、そういう動植物とは反対のほうを向いてますな。今は動物的な生き方とまったく違いまっしゃろ。

人間の動植物に対する見方が特殊なんですわ。一緒に生きている動物や植物のなかから、いわゆる害虫というもの、害鳥というもの、害獣というものを、人間が勝手に決めてしもうていますわね。それでそういうものは退治してしまえ、殺してしまえ、なくしてしまえというようなことを平気で言いますし、またそうしていますな。でも考えてみたら、これは恐ろしいことですわ。

人間のために生きている動植物、昆虫類はいっぱいおります。しかし、人間が勝手に決めた害をする動植物を絶やしてしまったら、それがおらんかったら、ためになる虫も鳥も、植物も一緒に絶えてしまうかもわからへん、そういうことをしたら人間生活が成り立たなくなるかもしれんという感覚はないですわな。

これは、自然とのつながりを忘れてしまって、スイッチさえ入れておけば、生きていられると思っていることと同じですわな。

知恵があるものやから、なんとか人間は生きられるけどね。でもよけいな知恵が多すぎますわ。生きていける必要最低限の知恵だけあればよかったんです。そうしたら人間はもう少し謙虚《けんきょ》だったと思いますわ。

なぜ神社に大銀杏があるのか

このごろまた、「都市に緑を」とかいうてますな。

実際に震災のときに、公園をはじめ、木のあったところは火事から逃れていますわね。あれは木が火を止めよるからです。

これは昔からやっていることなんですわ。とくにお寺の本堂の周辺部には、必ず大きな銀杏《いちょう》があったもんです。銀杏というのは火止めをするんです。あの木は火が来ると水を吹くというんですわ。

銀杏はやっぱり水を含んでいるんですなあ。燃やしても、なかなか燃えませんわね。割り木にしておいて、三年、四年たって燃やしても、やっぱり水を吹くんですわ。中の水分が膨張して外へ出てきよるのやからね。その量が多いと思うんですわ。それと、あの葉っぱ自体、肉質が厚いからね。繊維質ではないから、お火には強いんですわ。そういう木を昔は防火樹《ぼうかじゅ》として植えたものです。

今はコンクリートと鉄とでできているし、銀杏を植えてみても、それ以上の高さの建物ばっかりやから、防火壁にならないわけですわ。建物のほうが木より高いんやから、梢《こずえ》の上を越えて燃えていきよるからね。

銀杏は大きな木やから、昔はその裏の建物がどんなに大きくてもかばうことができたんですな。そやから、お宮さんだとかお寺さんだとかには銀杏が多いんですわ。今でも役に立っているんですよ。銀杏の木を植えてあれば、火も隣に行かずに止まっておるからね。普賢岳《ふげんだけ》の火災のときにも、木の植わっているところでほとんど止まっていましたわね。木のないところが燃えておったからね。わしらは仕事柄どうしてもそういうところに目がいくんやね。

そういうことを誰も言わないというのか、気がつかなかったわけでしょ。わしらの若いときには、どんな地域へ行っても必ず風よけの木は植えてありましたわな。とくに富山の砺波《となみ》からあの近くへ行くと、防風林が一軒一軒に植えてありますな。山陰の松江《まつえ》のほうへ行くとぜんぶ松なんですわ。あのへんは松をみなきちっと刈り込んで防風林にしてますわね。

それが今はほとんどがいわゆるフェンスに変わってしもうているでしょ。今までは防風林で風を和《やわ》らげてきよったから何とかなってきたんですね。今はフェンスやから、風が直接当たって、ちょっとでも抜けるところがあれば全部そこへ寄りよるから、そこだけに吹いてしもうて大変ですわな。ビル街へ行ったら、とんでもないところで風が吹きよるから、そのことがよくわかりますわな。ああいう防風林や木はただ植えてあるのと違うんですわ。まず第一に風の力を和らげますやろ。木はしなやかですし、葉や枝や幹やらが風でたわんで力を吸収しよるんです。よほどの力にも耐えられますからな。フェンスなんかは、防御したり緩衝《かんしょう》したりすることはできても、やはり当たり方が違いますわね。カチーンと当たるのと、フワーッと当たるのとは全然違うから。木はただ目の保養のために植えられているんやないんです。それなりに、そこに植えられたわけがあったんですが、それが伝わっておらんのですわ。

江戸の街道の並木に学ぶ

都市計画のやり方の場合、これは、もうどうにもならん要素があってね。とくに街路樹には強い樹木でないとだめなんですわ。排気ガスから虫の害から、もうすべての意味で強い木ですね。街路樹の環境というのはなかなか厳しいですから。それから大事なのは、ある程度剪定《せんてい》のできる樹種、伸び放題では困りますし、切るたびに弱るんじゃどうしようもないから、そういう条件を満たすものというと限られてきて、樹種もしれているんですわ。

昔の街道の並木というのは、そういう影響はほとんど受けませんでしたわね。街道はコンクリでなくて全部が土やからね。土で土手をつくってましたやろ。高さがおよそ一間、底辺が三間ぐらいあるのかな。道路側の傾斜は緩やかなんですわ。牛や馬が暴れたときに、人間が土手に駆け登って逃げられるようにね。

それで土手の外側の真ん中ぐらいに木を植えて、並木にしているんですわ。木を植えるところは外側です。それが大きく育つと、枝が上からうまく張ってきよるから、日蔭になったり、雨よけになったりしたんです。

また女の人なんかが道中で用を足すときには土手の外へ行って畑に入れば何とかなったんですわ。また当時は草鞋《わらじ》ばきやから、古くなった草鞋はそれをポイほかして新しいのに履き替えていくんですが、放られた草鞋はもともと藁《わら》ですから、それがまた土に戻っていくんですわ。

それから街道に残された牛や馬の糞《ふん》の処理は、その村々から使役が出てやっていますわね。その人たちがうまく牛や馬の糞をそういうところへ捨てるもんやから、土地は肥えるんですわ。草がある程度生えてくると、盆すぎぐらいに、また道普請《みちぶしん》で、みんなして刈っては、そこへ置いておく。刈った草は、堆肥になるし、牛や馬の飼葉《かいば》にしたり、敷き草にしたり、いろんなことで、みんな間に合ったんです。街路樹はみんなのものだったんですね。

それが今は、もう何もないでしょ。街路樹が自分たちのものだなんて誰も思っていませんし、道端に木があることすら覚えていませんでしょう。

こうしたがさつな世の中になりますと、それでも都市の緑は心を安らがせてくれますわな。条件は厳しいんですが、街路樹のことはもう一度、江戸時代に学んだほうがいいですな。

山は杉、桜はソメイヨシノでおもろないですな

昔の言葉に「籠《かご》に乗る人、担ぐ人、そのまた草鞋《わらじ》をつくる人」ていうのがあり

ますわな。

　乗っている人は楽でいいんやけど、担ぐほうにもそれなりの役得というのか、仕事冥利《みょうり》というのか、何かがあったはずですわね。だから担いでいたんやろから。近ごろ、自分の仕事におもしろさを見出せなくなった人が多いですな。それはまわりのすべてが既製品化されてしもうたからですわ。自分でつくるよろこびというのを見出せないからです。

　うちみたいな仕事でもそうですし、農家でも林業家でもそうです。第一、山がすべて既製品になってしまいましたわな。もうどこへ行っても杉の木、檜《ひのき》の木だけになってしもうて。どこも変わったところがない。既製品の服を売っている洋服屋みたいなものです。

　桜もそうですわ。ソメイヨシノという既製品一辺倒になってしもうて、どこへ行ったかて、同じ景色ですわ。みんながそれを望むのやからしようがないんですが、ソメイヨシノだけが桜やないんですがね。

　杉がいいというたら、日本中、杉だらけ。ソメイヨシノがいいというたらソメイヨシノばっかりですわ。これでは、乗せられるほうはいいでしょうが、担ぐほうにはおもしろみがなくなっていきますわ。

日本人がやたら統一したがるというか、同じようなことばかりするようになったのは、戦後のことでしょ。戦前にはこんなことはなかったですわ。米にしても同じですわ。コシヒカリ、ササニシキ、あきたこまち、ひとめぼれ、何やらありますが、それがいいというたらそればっかりでっしゃろ。以前は、田の土目《つちめ》によって、みな種類を変えてましたわ。それと、風とか気温とか、もろもろを考えて、多少味は落ちても倒れん米とか、多少まずくてもたくさん採れる米とか、そしてその家の慶事用に餅米を、たとえ一畝《いっせ》でも二畝でも必ずちょっとは植えたものやけどね。

餅米をつくった年には祝いごとが多く、少ないときには不幸が多いとかいうことをいわれましたな。それは実用と戒《いまし》めの両方やと思いますけどね。そんなことをして、餅米から取った藁は必ず正月の飾りに、みな使いましたやろ。

たとえば、田んぼに稲を植えるときでも、やっぱりその土地に合ったものを選びましたわ。そのときまず考えるのが、米がたくさんとれることです。そして藁がとれることです。両方を考えて、選んで稲を植えていたでしょ。藁は大事でしたからな。何にでも使いました。わしらでも藁がなかったら仕事が成り立ちませんわ。でも今は、農家では藁はどうでもいいんですわ。縄も使わんし、堆肥《たいひ》にも使わん。みんな買ってきた既製品ですましておるんですから。ほしいのは稲の実だけやしね。

ですから今は刈り取った途端に、籾《もみ》だけを取って、藁を田んぼに全部ばらまいていますわ。あんなことするからぐあいが悪いんです。藁が腐るまでには時間がかかるんですから。とにかく山も田んぼも風景もみんな既製品になってしまいました。味気ないですな。

八重の山桜・サノザクラの誕生

桜も年々接《つ》いでいくと、多少はやっぱり変わりますわ。台木《だいき》が変わっていきますやろ。台木の影響もやっぱり大きいからね。それから純粋種というものは、やっぱり一代限りと違いますかなあ。次世代のものはどこか変わっていきますわ。

いくらやっても、人間がしようとするところに違いがあるのやと思うんです。そのものは、そのもので一代で終わればいいんですわ。その代わり、どこかでまた何かができているはずなんですわ。

まあ、わしらが今育てている桜は遺伝的には雑種なんですわ。種をまいてそれから育てるのを実生《みしよう》というんですが、親の木からとった種をまいても同じものが出てくるということはまずないんです。親がさまざまな木の雑種なんですから、いろんな遺伝子を持っているわけです。そのどれが出てくるかわからないから、親と同じものが生えるとは限らないんですわ。

それで、すばらしい桜の老木があるとしますな。それが弱ってきたんで、今、生えてるものと同じものを繁殖させようと思うと、種をまくのではなくて、その木の枝から接ぎ穂になる枝を選んで、台木に接いでいくという方法をとりますのや。それが接ぎ木《つき》です。

なかには種のできないものもあります。種ができないということは、本来なら、もうそれで終わりなんですわ。それを人間のつごうで接ぎ木をして増やしているだけでね。かえって、これも自然に逆らっているのかなあと思ったりしてるんです。

枝垂《しだ》れ系統の桜は、みな実生でいくんですけども、その実生がはたして純粋であるかないかは、もうわからないですわ。自然交配しとるからね。ですから、親と同じものが出てくるとは限りませんのや。表面にはあらわれてない遺伝子がはたらけば、親とは違うものが出現しますからな。

うちでまいたヤマザクラの種、一万個のなかから八重のヤマザクラが出てきたんです。牧野富太郎博士がそれを新種だとして「サノザクラ」と命名してくれたんですが、そういうこともあるんです。ですから、実生の場合は、何が出てくるかは出てみないとわかりません。それが自然やと思うんですわ。それを、人間が自分の勝手で、変なほうへ変なほうへ持っていっているんです。

接ぎ木はかなり昔からやっていると思いますわ。柿がそうでしょ。一番最初の接ぎ木は柿やないかと思いますわ。柿というのは、ものすごく古いからね。よく「桃、栗三年、柿八年」といいますでしょう。種をまいたんでは、柿の花がつくまでに八年かかるということですわ。それが接ぎ木やったら二、三年で花が咲いて、いい柿だと思ったら、同じような実がなりますからな。それで柿は早かったんやと思います。

これも専門の人がやったわけではなくて、農家の器用な人が片手間に接いでいたんですわな。本数は知れとるからね。

こういうのは技術と違うて、やっぱり農耕民族の知恵と違いますかな。そのときそのときのやりかたを工夫したんでしょう。それが、園芸というものができてから、わりに増えていったんと違いますかな。わしらでもずいぶんやってますわ。

木も場所を選びまっせ

庭木は何もかも人間にやってもらっているように思われているかもしれませんが、それは違うんですな。自分で環境に合わせて生きていくんです。環境が気にいらなくなれば移ってもいきますよ。

屋上庭園というのが流行《はや》っています。わしらは、なんであんなアホなことをするのかと思いますが、あれを例に話しますと、木は土があれば、どんなところでも、ある程度までは育つんです。しかし、それ以上はやっぱり育ちませんわ。目いっぱい自分に合うところまで根が出せないものやから、いやだというんです。それで木は上のほうに伸びるのを止めるんです。土からある程度栄養分を取り込んでしまえば、後は人間が補給してやらないといけないのやからね。木は栄養の補給を自分ではできへんのやから。必要なものを根で探していきよるからね。ここから先はだめだとわかると、自分でキュッと縮めてしまうか、今まで伸びていた枝を枝枯れして落とすとかね。そうやって自分で調整していきよるから。

そのように木が意思表示をしている部分を読み取れれば、何が足りないとか、手立てをしてやればいいんですわ。どんな土を持っていったか、それがまず第一ですわな。土やったらどんなものでもいいというもんと違いますからね。

土もいろいろとありますわ。

一番いいのは、深度の深いところの土を持っていって、それから合わしていく。表面の広いところの土だけ持っていったら、こんどは肥えすぎてあきませんね。一時はいいんですが、その後にもう伸びませんからね。肥料がありすぎて、木がなまけ者になるんですわ。根を伸ばさなくなるんです。

この間、テレビでおもしろいことをやっていましたわな。食虫植物のモウセンゴケは、瘦せ地でないと生《は》えないそうですな。瘦せ地で土から養分が吸収できないからああいう虫を取って、栄養にしているらしいですな。土の栄養が豊富になると育たんらしい。だんだん堆積土が出来上がってくると、土は栄養が豊かになっていきますから、こんどは他の植物が覆うてくる。それで死滅していかざるを得んらしいですな。ところが、何かの変動があったとすると、そういう植物が育たないところへ、またモウセンゴケのようなものが生えるらしいですわ。

富士山がそうでしょ。溶岩に一番最初に上がっていくのはイタドリですね。イタドリはどんどんどんどん上がっていく。つぎにヨモギが生えるらしいですわ。それは、もうそれだけ土ができている証拠ですね。土ができると、こんどは、また他の植物が順番に覆うていくらしいですわ。

植物がなくなるときは勝手になくなっていくんです。どこかでまた、条件のあったところ、それにふさわしいものができてくる。意志もなく、動かんように見える植物でも、自分にあったところへ出ていくんですわ。

そういう状況、植物の意志を人間が潰《つぶ》しているんですわな。潰すのは簡単なことやけど、取り戻すのに時間も手間もかかることを考えていない。人間は知らんうちに、自分で自分の首を締めて、何もかも生息できんようにしているんです。今は経験を積んだ年寄りの言うことを誰も聞きませんわ。聞く聞かんよりも、避けてますわ。自然がどんなもんやとか、長い経過をへて誕生したものということを知る必要がないのですな。

今はそうしなくても息ができるんですわ。いわゆる自分でつくったものを食べるのと違うて、他人がつくったものを食っているのやから。自然保護をしとる人で自分でつくって食っている人間は、まずおりませんわ。他人がつくったものを食って、それで今のところでは間に合うているんですわ。でも、いつかは食えなくなるときが来ると思いまっせ。

三百年に一度、松が全滅するはなし

自然保護の人たちは、あちこちの一本だけ残った名木を何とかして残そうとしてますな。そやから、みんなだめになるんです。まわりにいろいろな木があってはじめて、その名木があったんやからね。その木もいつかは寿命があって枯れるのやから。そのつぎをどうしようかていうことを考えないで、その名木だけを残そうとするのはやはり間違っていますわな。過剰というのか、よけいなことをやっていますわなあ。

それは人間の子供でも同じことが言えますわ。顔色を見て、どうもないか、元気か元気でないか、それはずっと見続けているからわかるんです。突然、知らん人がその子供を見てもなんにもわかりませんわ。木も同じです。そこに至る経過があるんです。一本だけ残った老木だって、そこに至る経過があるんやから、その老木だけを残そうと無理しても、木がかわいそうや。一本になったからには環境が変わったんですわ。残すだけやなくて、なぜそうなったかを考えて、つぎにどうするかの手を打つのが本当ですな。それなのに死にそうな木ばっかりを大事にしても、けっしていいことにはなりませんわ。木だって一本だけでは生きてはいけませんから、そこらも考えんとね。

いま全国各地で松がやられていますやろ。あれは自然がおかしいなったのと違うて、人間がおかしくしていったんです。マツクイムシの被害、だいぶ北まで行きましたやろな。

平成七（一九九五）年と八年の二年間、夏が暑かったから被害の進むのが早かったんですやろ。松を弱らしているのは南方系の虫やから、暑いときほどやっぱり活発なんですわ。

松には昔から三百年に一回ぐらいはああいう被害が発生するというんです。そやからアカマツの何百年という大きな木は、まずないんですわ。アカマツの寿命は百五十年ほどですわ。山を歩いていましても、どれもせいぜい百五十年から二百年までですやろ。

松は、建築材にしても五百年も持てばいいほうですわ。けれどもあれも水に浸けておけば千年でも持つんです。石垣の下に敷く胴木は、ぜんぶアカマツですわ。胴木というのは石垣を組むときに一番下に入れる木ですが、クッションの役目をするんです。上からの重みを平均に、うまいこと吸収するんです。ベースがコンクリートやったら、何かの力で片側が傾いたときには復元力がないから、戻ろうと思ったら、ポキッと折れるんです。ところが、木の場合は、つねに動いているから折れないんですわ。胴木は土の中に埋めて使われて、そのうえに石垣を積むんですが、水気の多いところでは松は強いんですわ。昔の人は木を選んで、うまく使ってありますな。

三百年に一回ぐらい松が全滅することは、記録にも何にも残ってないそうですけど、そういう話はやっぱり年寄りがするんですな。年寄りが話をし、聞く耳を持っておったころは、それが自然に伝わってきたんですがね、今はもう伝わらないようになってしまいましたわ。

自然にマニュアルはありませんな

最近は何でもかんでもマニュアルというものをつくりすぎです。何かするときに、マニュアルというのか、あまりにも型にはまったことをつくってやるもんやから、おかしいになるんですわ。木の手当てのマニュアルをつくるのやったら、その木だけのマニュアルをつくらんとあきませんのや。百種類あったら百のマニュアルをつくらないといけません。木は同じマニュアルで、いくつもには適応しませんのやから。

木は一本一本ぜんぶ違う。形状が違えば、寸法も違う。土も芽も、みな違うんですわ。どれにでも使えるマニュアルというのは不可能ですわ。やっぱり木の一つひとつの顔色を見てやらなしゃあないですわ。マニュアルというものは同じことしかできないのやからね。化学とか電気とかという工場ではスイッチ一つ間違えたら大変なことになるから、マニュアルどおりにやらないとあきませんけどね。それは、あくまでも人間がつくっているものやから人間が手順を決めていかんことにはしかたがないけども、自然界にマニュアルは絶対通用しません。自然のものはどう動くのかわからへんし、前の年と同じようには動かへんのやからね。前の年と今年では全然違うのやから。こういうことは教わらんでも自然相手の職人は経験から身についているんです。マニュアルを読んで覚えるんやなくて、身体で、肌で、経験を通して覚えます。同じだということを覚えるんやなくて、いつも違う、違うからどうしたらいいかを考えるんです。これが実務というものです。

今、こんなに実務がないがしろにされているのは日本だけですわ。これは、職人社会をつぶしてしもうたものやからしようがないんです。ヨーロッパではちゃんと職人が仕事をし、威張っとるからね。それなのに、日本じゃ職人を育てるんやなくて、国家試験が大手をふって、技能士とか管理士とか、そんなことばっかりやっているでしょ。資格をもっていないと官庁の仕事がもらえない。しかし、そういう人は実務をしたことがないんです。そういう人が仕事を取って、実際の仕事をこなすのは職人なんですけどね。マニュアルどおりにできると思って指示するし、設計図を書くから大変なんです。

海にしても川にしても山にしても、昔からそこで仕事をしている人がおりますわな。その海にしても山にしても、そこで働く人は、そのよさを知っているだけでなく、恐さもみな知っているんですわ。今はその恐さがわからへん。

装備や機械を過信しているんですわ。絶対大丈夫やという考え方で、みな行くでしょ。山登りでも、昔のザイルに絶対ということはなかったですわ。ナイロンができてから絶対切れへんとか言いだした。ナイロンにかぎらずいろいろな工具ができすぎて、みな過信するんですわ。しかし、ちょっと方法を誤ったりするとバッサリといってしまうんですわな。

テントを張るところでも、昔の人は、ここは恐いというところには絶対に近寄りませんでしたわな。その恐さも物理的な話をするよりも、精神的な恐さを先に教えましたわな。ここには山の神がおるさけ、あかんとか。ということは、何かの変動が起こりそうなところへは、合理的な説明をするよりも人間の弱い部分についての話をうまくつくって寄せつけんようにしていましたわ。

先人が「いかん」というところには、まず近寄らなかった。そういうところは、やっぱり行ってはいけない何かがあるんですわ。有害なガスが発生するとか、雪崩《なだれ》が起こるとか。それから海の場合でも、そこだけ潮の流れが違うとか水温が低いとかね。そういうことは、みなあるのやけど、今は強力な道具を持っているから、そういうところでも突っ走れる可能性がありますわな。それで無視するんです。何でもマニュアルどおりにいくと思っているんですな。自然を見なくてもいい、読まなくても、力で押し切れると思っているんです。押し切れる相手のうちはいいですけどね。

自然相手に仕事をする人はいろんな場合とその最悪の状態まで考えてやっていますわな。何が起こるかわからんのですから。

巨石を運んだ昔の人の知恵

今は機械やマニュアルがないとなんにもできませんな。

奈良の明日香村にある石舞台の石はぜんぶ伊賀石ですわ。石舞台を機械なしで、人力だけでつくったというたら驚きますが、考えたら何でもないことですわな。土を盛って、修羅《しゅら》でゴロゴロと引き上げるのやから簡単なもんです。修羅というのは、昔から使われている大石を運ぶ道具で、そりのようなものですな。簡単な道具です。それで運べるんですわ。修羅は今でもうちでは使います。

修羅の材は樫《かし》が多いですね。修羅を滑らす丸い棒の転《ころ》もやっぱり樫なんですわ。そのかわり下へ敷く板は松を使います。ぜんぶ樫でいくと硬すぎて、ちょっとでも濡れたら滑るんですわ。食い込むでなし食い込まんでもなしのものがいいんでね、やっぱり。それで松を間に挟む。松は柔らかな木なんでクッションの役目をはたすわけです。

うちでは組修羅をよく使いますしね。樫のごっつい木をボンと切っておいて、運ぶ石の大きさに合わせてどうにでもできるように。昔の修羅は股木《またぎ》をよく使っていましたわね。股木でつくる場合と、材を組んでつくる修羅といろいろありますが、股木の修羅はどた引きが多いですやろ。

どた引きというのはそのままズルズル引っ張っていくことをいいます。修羅で石を引っ張るとき、修羅の下に竹を敷くんですわ。割った竹をチョンチョンチョンと置いていくんです。日本の国にはどこにでも竹があったから、竹を切って、バンバーンと掛矢《かけや》で殴ってね、その上を引いていくんですわ。下りのときや傾斜のきついときには、竹を抜くんですよ、滑りすぎないように。そうやって調節しながら大きな石を山を越えて運んだんです。そして、ちょっと動かんようになったら、ときどき竹をさし込んでやると、トローン、トローンと動きよる。その原理さえ知っていたら、何でもないことなんです。それで何トンもの石が動くんです。

昔の三股《さんまた》も原理に適《かの》うていますわな。チェーンブロックを三本の丸太の真ん中に置いておいて石を吊るんです。あれもとにかく真ん中で吊っているから大丈夫なんです。もし石の位置が中心からずれていたら、横へいって支えが倒れたり折れたりするから危なくてしようがない。真ん中においてあれば、絶対にそんなことはないんです。

そのかわり吊るす石の目方がわからないことには、三股は使えません。石の重さによって丸太の太さをかえていかなならんのやから。一トンのものと十トンのものは同じ丸太ではいきませんわ。十トンの場合は、太いものでやらないかんのですからね。三本の丸太の組み方はいわゆる正三角錐《すい》ですわ。きちっと正三角形にさえ組んでおけば絶対ひっくり返らへんからね。あれほど原理に適《かの》うた仕事はまずないんですわ。イースター島の大きい石像でもピラミッドでも三股を使っていますわな。

いつもよく言うんですけれども、かりに千貫なら千貫の岩があるとしますわね。これを動かす場合、この岩の芯《しん》の下に小さな石をチョンと置いておけば、ちょっと押しただけで千貫あっても石はひとりでまわりますのや。支点があるからくっとまわります。何でもないことですわ。

V　植木職の今日と明日

百まいて十残る仕事

わしのとこの庭木の種類ですか？　いわゆる庭園樹木というものは数は知れているると思うんですわ。というのは、どうしても植え替えのきかんものがありますやろ。そういう木は消えていくんです。それで掘り起こして、移植しても耐えられるものが庭木として残ってきたんですわ。それと土や気候もありますから数は少ないですわ。

たとえば、昔はお茶の木は植え替えがきかないものだといわれました。これは植え替えがきかんのと違うて、時期がむずかしいのと、直根《ちょっこん》がものすごう大きいのに毛根《もうこん》が少ないのですわ。だから植え替えがむずかしいんです。それでも手立てをすればなんとかつきます。

お茶の木というものはあれだけ刈っても芽が出るのやから、もともとは強いはずなんですわ。しかし、なぶったらあかんね。そういう木なんです。木はそれぞれそういう性質をもっております。そうした木の性質を知るには経験しかありませんな。庭木というのはその経験のうえにつくられていますのや。

百姓の場合は、田んぼにしても畑にしても、だいたい半年に一度は回転するんですわ。しかし、植木屋の場合は、何百年に一回転するというものもありますのや。

桜を育てるにしても、種《たね》一粒から育てて、苗場から離れるぐらいになるまでに五年はかかりますわ。そのかわり不思議なもので、種を百まいても残るのは三割ですわ。全部芽が出えへんからね。うまいことできてますのや。

そして、また芽が出てから枯れる木もあるんです。一尺か二尺ぐらいになってから枯れる木やらいろいろですが、ざっと計算したら、その三割のなかでも順調に育つのは一割ですわ。結局、百まいた種のうち、まともに木になれるのが十本ですわ。しかし、まいた種が全部育ってしもうたら大変なことになりますやろ。うまいことできてますわ。

そういう仕事なんです、植木屋の仕事というのは。代々継いできた山や畑やらに、長い月日をかけて種や苗を植えて、木を育てて、よその庭をつくってきたんです。

四季とともにある職業

百姓と植木屋には一年間のちゃんとしたスケジュールがあるんです。

昔、六月は休日が一日もありませんでした。六月には、麦を刈って、田植えをせんならんから休んでいられなかったんですわ。

もう、目いっぱい働くんです。ちょうど梅雨時分が田植えの一番はじめぐらいのものですわ。麦を刈ったその後で田植えをするんやから、遅くても七月。ここらは七月でも田植えをしたからね。早いキュウリを植えて、そのキュウリを採ってから植えるんですわ。七月の二日ぐらいに田植えしたこともありましたしね。蒸し暑いあいだに、目いっぱい働いて、八月に入ったら宗教行事でいろいろな休みがあるんですわ。

昔の百姓というのは、「八月大名」というて八月は遊んでいましたわな。みんな、裸で褌《ふんどし》一丁でごろーんとしたりしてね。朝、一時《いっとき》だけざっと田を見まわって、後はもう、みなごろーんとして、日が暮れたら湯に浸ったり、将棋を指しに行ったり、思い思いにやっていました。

それで、盆。まず墓参りですわな。それから各地方によっていろいろな宗教行事が夏にあるんですわ。盆踊りでもそうですわな。二カ月、まるっぽ働いたストレスをああして、みな発散さしているのやから。

秋の祭りというのは、だいたい収穫の前か後ですわな。ここらでは刈り入れが始まるまでに、みな、やりよるんです。そうやって、だんだん冬ごもりの用意をしとるわけです。

冬のあいだは春にやらなならんための材料を、家でみなつくっておくんですわ。一年間、うまいこと季節の移り変わりに合わせて生活しとるんですわ。

庭をつくりはじめるのは、ぼちぼち二月ぐらいからですね。だいたい「節分明けたら地熱が出る」というてね。地面から温《ぬく》うなってくる。そのころからボチボチやるんですわ。それまでは何をしても、凍《い》ててしまうから無駄なんです。

それで四月、五月から芽が出てきよるから、だいたい形が出来上がる。そのときに、仕上げで竹垣をひっつけたりするんです。いわゆる化粧垣ですわな。そして最後に、仕切りのための袖垣をつけたりしていくんですわ。

七月末は杉の枝打ちの時期なんですね。暑い盛りですけど、この時期にやらんとあかんのです。

木や草は季節のものやから、やらないかんときと、やってはいかんときがあります。だから、その時期に合わせて仕事をし、休んでいいときに行事があったんです。そういうものによって気を休ませるとか、気分を晴らすとかしておったんです。身体の調整も自然に合わしておったんやけどね。

そしてやはり暑い八月は「盆月」や「仏月」というて、休みの時期ですわ。暑いから、墓参りや盆、地蔵盆を設け、肉体的にも精神的にも休む月やったんです。それが今は、週四十時間とかなんとかいうアホなことをしてしもうてから、リズムが嚙み合わないようになりましたなあ。この地蔵盆というのは京都独得の習慣で、八月二十二日から二十四日におこなわれる行事です。町内のお地蔵さんを当番の家にもっていってお祭りするんですわ。もちろん仕事は休みですわな。

今は夏の暑いときにも仕事をしたりするものやから無理が起きるんです。木をおかしなときに植えたりするから枯らしたりするんです。理に適《かな》っていないことをするからですわ。

今までは、そういう日本の四季の中でいろいろな生きものが動くのに合わして、うまいこと生活してきましたわな。

ところが本来、八月は、木を植えたり移動させてはいけない時期なのに、今は植えに行かなければならなくなっておるんです。なんとか枯らさんようにしようと思うて、あらゆる手立てを試みてもいるんですのやけどね、それでもやっぱりだめなものはだめですわ。自然には逆らえませんな。

おじいさんの時代やったら、夏の時期には決して動かさなかったものでした。もう初めに、やっている者が、「これは今は時期が悪い」といえば、その一言ですんでしまう話やったんです。

技術が発達すればいいかというたらそんなもんやないんです。木を植えて育てるのは技術ではないんですわ。相手を知り尽くさんことには、その手立てができませんのや。おじいさんたちは知り尽くしておったから、夏の時期に木を動かすことをしなかったんです。

庭作りはそうやって一年かけるのが一番いいんです、理想的なんですわ。四季をうまく利用していたんですのやけど、今はおかしいなりました。曜日を決めて、四季をいわんようになってしもうたからね。そやから、わしはよく「自然界が人間の決めた時間どおりに動いてくれるかい」と言うのやけどね。こうやって自然や四季を無視して過ごしていたら、動物的な本能が退化していきよるんですわ。今は機械に頼って生活しておるでしょ。自然とは関係なしに、他の力で生活しておる。自然を拒否していますのや。そやから、何をしてもうまいこといきませんね。昔から、日本というのは農耕民族やから自然依存型のはずなんですわ。

個性を見抜き個性を生かす

わしの生き方はやんちゃです。やんちゃっていうのは生きていくための活力ですわ。やんちゃというのは、人に頼らずに、自分の力で生きとるということです。やんちゃと、悪いことをするやつとは全然違うものやからね。

木でもやんちゃの木のほうがよう育ちよる。それにちょっとやんちゃしている木のほうが使いやすいでっせ。あんまり素直な木は、植えてもおもしろみがないんですわ。石でもそうでっせ。素直な石やったらおもしろみがない。味がないんですな。やんちゃの木も石も使い方によって、ものすごくおもしろいものができる。その代わり使うほうに見る目がないとあきませんな。

人間もそうです。癖のあるやつを避けたがりますが、そうではなくて癖を利用すればいいんですわ。癖というのは使い方しだいです。同じような人間ばっかり集まってもおもしろうないでしょう。

今は使い分けるということが面倒だから、同じような素直な人だけをつくりすぎているんですわ。そのほうが扱いやすいんです。数でかぞえればすみますからな。寄せ植えの庭というのはそういうものです。日本の庭が美しく味があるのは、やんちゃさや癖を生かしているからです。

うちは企業やなくて、個人商店です。わしがいて、息子がいて、番頭格がいて、それがみな采配してますわな。

見習いの人も来ますな。この人らは初め寮に入るんです。なかには、諦《あきら》めてすぐ帰る者もおるし、そこそこやってから帰る者もおるし、ずっといる人もおります。独立して植木屋になる人もおる。

わしが気をつけているのは、やっぱり個性を先に見抜いてやらんということですわね。これはだめやけど、これはうまいことやるとかいう、それをやっぱり見抜いてやるのが、わしらの仕事なんです。たとえば、小仕事と荒っぽい仕事との得手不得手がありますやろ。それを見抜いてやると楽ですわ。木に登るのが上手な人とか手入れが上手な人とかね。

そういうことは、ちょっと仕事をさせたらわかります。庭を掃かせたら、いっぺんでわかりますわ。こいつはずぼらか几帳面か、几帳面やけど時間がかかるとか、早いけどずぼらやとか、それも箒《ほうき》の持ち方ひとつでわかりますわ。

植木屋の仕事は段取り八分というさけね。段取りのできない者は何してもあきません。こういう仕事は、土いじりから、全部やらんとだめなんですわ。そうせんと、基本がわからんようになってくるんですわ。

木は生きものですから一本一本違いまっしゃろ。それと同じように、同じ仕事というのはないんですわ。穴でも同じ穴を掘ったらあかんのやからね。その木に合う穴を掘っていかなあかんのやから。大きいてもあかんし、小さかったら入りませんわなあ。それも寸法を測らないでもピタッと掘れるようにならなあきません。われわれは尺《さし》は持たないもんですから。

目と勘と、それから伝《つたい》や何かがあるときには、だいたい尺の計算をしますわなあ。歩幅でいけば間違いないんですわ。自分の一歩がなんぼということを知っておくんです。それも場所によって歩幅を変えますのや。

伝をつくるときには最低三尺というんですわ。三尺というのは、人がすれ違うときに、ちょっと横向きになれば、すれ違えますやろ。それが三尺です。二人分の肩幅の余裕があるということです。それが長《なご》うなって比較的広いところは六尺、一間なんですわ。一間やったら傘を差してでもいけますのや。高さはだいたい一間なんですわ。一間なら傘をちょっとはすにすればいきますやろ。人が通ったり、すれ違ったりするのが前提なんですわ。玄関の軒先は最低三尺いりますやろ。というのは、それだけあれば玄関を出て傘が差せますのや。

それさえ覚えておけば、三尺でいこうか五尺でいこうか、そのなかで、あとは現場に合わすようにしたらよろしいのや。七尺もいらないのやから。一間＝六尺で止めておけばいい。あとはみんな応用問題やから。飛び石みたいなものは、大きいても幅二尺ぐらいです。飛び石やから行き来するところと違いますわな。それで、ときどき横にポンとよけることのできる石を側に置きますのや。それから、小さい石をちょっと置いておく添え石というのがあります。これは杖をついて歩けるためのもので、土だったらブスッと入りよるのを防ぐためです。

門の敷居のあとさきにも、一つは必ず大きい石を置きます。そこには必ず力が入るから。それも、戸が引き戸か跳ね戸か、開き方によって石の大きさがみな違いますな。引き戸の場合は小さいのでいきますわな。開きの場合やったら、そのぶんを見ておかんとあきませんやろ。やや大きめの石を使うことがあります。跳ね戸やったら、そこまでは直《ちょく》のもんをつくっておかなあきませんわな。ぐっと跳ねていかなあかんからね。石の間が狭いと小股《こまた》で歩かなならんといいますが、昔は着物やからあれでよかったんですのや。間が五寸から六寸ぐらいですかな。

わしらは尺や寸の尺貫法を使っています。尺貫法はだめやと言われますけど、仕事をするときに身体を使ってするんやったら、やっぱり尺がええですわ。身体に合っていますわ。メートル法とかいうものは身体やのうて頭で考え出したものでっしゃろ。身体では計れませんわな。

経験を通して勘を養う

わしらは、やっぱり人の話を聞いて、行った現場で、つねに疑問を持たなあきませんのや。何でかなあ、何でこうしたのかなあ、それはどうなんのかなあということで取り組んでいかんと進歩しませんわ。それが図面をつくるようになってからは、図面に合わせて植木を突っ込むだけやから。いわゆる技とちごうて技術やからね、ただ置いているだけですわ。

これはわしがよく言う「人偏《にんべん》なし」というやつですわ。働かずに動いているだけ。人偏がないというんです。機械並ですわ。動いているだけです。今の植木屋は、植木を育てて、ただ売るという作業のほうが多くなりましたわ。

庭の文化も、もうなくなりました。施主にも見る目がなくなったしね。昔は、簡素にやってても、ここだけは、何かいいものを一つだけ入れておいてくれという注文がありましたわな。今は灯籠やったら灯籠の形をしているものを置いておけばいいんですわ。昔やったら、古い灯籠とか、どういう由緒のもんでとかいわれて、工夫してそれを利かしたら、庭がぐっと引き立つということはありましたけどね。そういうことは今は、もうほとんどないですわ。

灯籠選びというのも、各時代の灯籠の勉強をしておかんとできませんしね、一つひとつ石の産地や、石をなぶっている人間やとか灯籠をつくる人間やらと交流しながら覚えていかなしゃあないんですわ。

造園業というのは、建築業なんです。建設業法の中の業者なんですわ。戦後になってからそういうことになりました。だから建設業の許可を受けないかんのです。入札業務などには、それがないと参加もできませんしね。

請負《うけおい》は植えてから一年間の面倒を見るようになっています。一年の枯れ保障とかそういうことがついてまわるんですわ。枯れ保障というのは、枯れたら補償金で直すというか、現物で植え直すということですわ。土が悪かったり、また何か天変地異があったとか、いわゆる夏の乾燥とか、植えたものが悪かったのかとか、それはわからんですわ。

ちゃんとつくか枯れるか、それは植える段階ではなかなかわかりません。こいつはひょっとしたらあかんかもしれないと思うものがついたり、大丈夫やと思うものが枯れたりしますからね。このごろはとくにわからんですわ。昔はどんな現場でも土を一年ぐらい遊ばせてから植えたでしょ。それでだいたい大丈夫だったんですわ。今はもう、いわゆるすべての工期が一緒でね。そのうえ植木屋は一番後からいくものやから、どうにもならないんです。ある程度はやるんですけど、落ち着かんというのか、馴染んでないんですのやわ。土は本来、昔の土と入れた土とで馴染むのに時間がかかるんです。今は何でも結果を急ぎすぎてしまってしゃあないですわな。もうちょっとのんびりやらないかんのやけど。

これというのは、今の文明になってからですな。新しくできた新幹線にしてもそうですわ。十五分、二十分縮めて、どれだけのメリットがあるのかなと思いますな。ごっつう金を使うて、逆に人間が追いまわされるだけですわ。

追いまわされて、追いまわされて。それを自然界にも同じ感覚でいくでしょ。自然界というのは、ほかの力を入れようが何しようが変わらへんのやからねえ。急ぐだけ逆に悪うするぐらいやから。まったくこれからどうなっていくのかしらんね。

植木屋の仕事はいわゆる勘と経験だけです。でも勘よりも経験が先ですなあ。いろいろなことにぶち当たっていかんと。土にも軟らかい土やら、粘いのやら、重いのやら、いろいろあるでしょ。それによって根の出方がみな違うからね。やっぱり、経験ですなあ。勘と経験というよりも、経験をすることによって勘を養うていかんと、勘だけではどうにもならんのです。

その経験も仕事があるからできるわけですな。仕事がなくなったら、もうあきませんし。今はややこしいことをするときは、能率のことを考えて機械で起こしたりしますやろ。仕事は早いか知らんけれど、これでは後も悪いし、職人の経験にもならんのですわ。入札でいえば、機械でやったほうが安いわけですよ。こなせばいいのやからね。人の技術というのはまったく評価してないですわ。

職人が自分で土を掘ってすれば、植えた木が枯れるか枯れないか、危ないか、そうでないかはすぐわかりますね。まず植える時期の問題と、それからそんな木はあかんというのはみんなわかるんですわ。

一服する時間にできたこと

「けがと弁当と道具は自前や」と昔からいうんですわ。今そんなことを言うたら、監督署から怒られますけどね。何でも面倒を見てやるようになったら、若い者でもやっぱり成長しませんわな。

今の植木屋は道具は自前と違って、あてがい扶持《ぶち》が多いんです。鋸《のこぎり》ひとつでも替え刃の使い捨てですやろ。自分で目立て、せえへんのやからね。昔は自分の道具を使いやすいように使いやすいように、いろいろなことを工夫したものですけどね。それすら、もうあきませんな。使い捨てやから。ものを粗末にしてしゃあないですわ。道具は親方のあてがい扶持で、飯まであてがい扶持やもんね。これでは自分の身体、自分の仕事、自分の道具と思えんから身が入りませんわ。

だから今は技の継承というのがむずかしいですわ。教えている間がないんです。個人の特性を伸ばすとか、個性を伸ばす、それを見極める時間もなければ、若い人についてやる時間もない。その時間内に動かさなんだらあきませんのや。就業時間の規則やらたくさんありますやろ。

よそへ行って枝一つ切るにしても、昔は一服しながら、「これはこうやから、こう切るのやぞ」とかいろいろ教えてやれましたやろ。仕事の内容によっては、半時間から一時間かけても一服しながらつぎの工程のためのことを教えたり、相談に乗ったりしたんです。そういうことをしてたら今はもう経営が成り立たんわけですわ。

天気の悪いときに適当に休んで、天気のいいときに進めるだけ進めておく。そこまでやっておけば、つぎに雨が降ったときには、これをすればいい。雨の多いときやったら晴れたらできることをずっと準備しておいて、天気になったら一気にやろうとか、いろいろな段取りが組めたんですのやけどね。そういうことも今はできませんな。

この仕事もみんな法人にしてますやろ。そうせんと、いまは若い子が来ませんわ、学校でそんな教育をしたのやから。職業安定所へ募集を出しても、休みはなんぼある、昇給はどうなる、ボーナスはどうなる、時間はどうだと、それしか言いませんやろ。こういう職業やったら、あすこへいって覚えてこいとか、昔だったらそうでしたわな。学校の先生でもそうやったけど、今はそうやない。だから、われわれの職業も形はできても、ほんまのものはできませんわな。

最初は、弟子入りという気分では来るんですわ。しかし、弟子と社員というものとの区別がつかへんわけですわ。植木屋をやっている親が、うちへ「まあ、二、三年頼む」と連れてきよるから、そのつもりで預かるのやけど、やっぱりまわりが休みは何日、ボーナスはどれだけと、そういうふうにやっていれば、どうしてもそっちへ行ってしまいますわな。これではどうにもならんですわ。

職人というものはもう育ちませんわね。親方一人でやっているところなら、まだ弟子は育ちますやろけど、一人ではあくまでもやることが知れていますわな。もうしゃあないと思うて、半分諦めているんですわ。

まあ、それだけに疲弊するというのか、衰退するというのか、とことん悪くなってしもうたら、またそこから何かが生まれますやろ。それまで辛抱せなしゃあないですわ。

美しい仕事ほど効率がいい

学校の先生が庭の勉強がしたいていうて来たので受け入れたんですが、慣れんもんで、仕事をさせてもまず身体のもっていき方がまずいですわ。いちおう地下足袋をはくんですよ。はくときにベタンとへたってやるもんやから、「糞《くそ》してんのと違うぞ」というんですわ。そうしたら、こんどは突っ立ってやってるものやから、「そないしたら鴉《からす》にババかけられる」というんですわ。足袋をはくときは中腰にならないかんのです。「相撲取りでも四股《しこ》を踏むやろ」というんですわ。「あれが一番人間の力の出る姿やから、中腰でやれ」といったんですが、それが今の人はできませんな。突っ立っているかベタッとへたるか、どっちかですわ。

石を持ち上げるときでも、木を植えるときでも、ここぞというときの姿勢はみんな中腰です。この姿勢ができんようになったら、人は力を出せません。中腰というのを忘れてますな。

木を植え替えるときに根を包むのは、うちでは縄だけです。あれもやり方はいろいろあって、うちは「三掛《みつが》け」といって、順番に三つに掛けていくんです。このあたりのやり方ですわ。

これも地方によって違います。木の種類によって根の出方や、土地によって土の粘りが違うし、やっぱりその土地に応じたやり方をみなやっているんですわ。これはその土地でないとできない方法ですし、マニュアルをつくっても絶対あきませんね。同じところに根が出とるわけではないのやからね。一つひとつ、みな違うのやから。

根っこも見なければいかんしね。切っていい根もある、切ったらあかんのもある。根のぐあいは、頭のでき方、木の枝ぶりを見たら、およそわかります。根を多めに切れば頭も多めに切っていかんともちませんわ。

それと、やっぱり鉢を巻くとき、きれいに巻けば巻くほど仕事もしやすくなるんです。気障《きざ》なことをいうと、芸術的な巻き方をするということです。きちっと目が同じ間隔になるようにね。下手なものがすると、縄がもつれたり皮が剝《む》けたり、狭いところから出たりするんですわ。

穴を掘るのでも同じことです。今の人に掘らしたら、穴を狭《せも》うせもう掘るんですわ。早ようやろうと思って手を抜くんです。それで、結局、穴が狭いから穴に入った人間が動けへんのです。大きめにさえ掘っておけば、なんぼでも仕事ができるのやし、後の仕事が楽なんやけど。穴を掘ることだけでも、そんな塩梅《あんばい》ですな。

穴を掘ることぐらいは機械でやれば楽なようですが、木の根を機械に引っかけてしもうたら、幹までバーンと裂けるんですわ。やっぱり手でやらざるを得んですわな。結局、仕事はきれいにやったほうが能率がいいんですわ。

一つひとつ扱うものがみな違う

昔からずっと造園屋をやっているなかで培《つちか》ってきた技術はどうやって伝えるのかと聞かれるんですが、扱うものに決まったものは何もないですわ。ですからマニュアルみたいなものはないんです。

石ひとつにしても、その一つひとつが違うでしょ。この石が何石であるかということがまずありますわな。つぎにどこで採れた石かがありますやろ。それから顔がどっちであるのか。石には裏表がありますから、それはどっちかをまず考えなあきません。それと座りはどれがいいのかということがあるんですわ。

こういうことは側にいれば教えられますわな。しかし、そういうことを全部教えたからといって、石が扱えるかというと、それは全然違うんですな。わかるのはその石だけのことなんです。ほかの石ではまた初めからやらなりませんわ。そやから毎日、自分で違うものを見ながら考えていかんとあきませんのや。こういうことは教わりようがないんです。

それを考えんでもいいのは寄せ植えですわ。サツキならサツキを植えて、いっせいに刈り込みよる。それなら何も考えんでいい。丸なら丸の形に植えておいて、ただ鋏で刈っていけばいいんですから。

しかし、京都の場合はそういうのは少ないですわな。一本一本、ややこしいものを探して、それの癖を読んで、こっちのAという木の横へBを植えるなら、このBを何にするかということを、まず考えますわな。そのとき木の生長はAとBで違いますわな。そして、五年後にはどうなるやろ。だから今どういう形にして、手入れはどうしていったらええやろというように、加減のしかたをいつも考えていなかったら、できへんのです。

それから、見るだけのものか、使いながらいくものかという違いもありますわな。また、座敷から出てどうするのかというようなこともありますやろ。すべてをトータルに、いろいろなことを考えておかんと、材料が選べへんのですわ。

それが決まっても、これは今、植えていいのか、時期が悪いのか。時期が悪くてもやらざるを得ないのやったらどうしたらいいかとかね、ほんとにいろんなことがあるんです。

そのうえに施主の好みがありますやろ。こちらだけのつごうでするわけにはいかへんのやからね。施主の好みに合わすにはどうしたらいいのか。

昔でいえば、ずっと施主の方と話し合いながら、たがいにこうしたほうがいいというようなやりとりをしましたね。今はおかしな図面を書いてきて「さあ、この通りにやってほしい」、こうですわ。

図面はこっちで書く場合もあれば、大きな造園のコンサルタントみたいなところがつくる場合もありますが、図面というのは、あくまでも目安です。家の場合やったら、柱をちょっとこちらへずらそうかというわけにはいかへんでしょうが、五寸の柱が必要なら、北海道へ電話しても、沖縄に電話しても必要なものはすぐに調達できますやろ。ところが、わしらの場合は、みんな一本ずつ探して歩かなんだらわからへんのです。すべて違うものを扱うんですから。人を育てないと、技術だけいうのは教えられませんな。そういう仕事なんですわ。

庭の図面を起こすにしても、まず家の平面図がいります。それによって、家の構造をだいたい把握しておかんことには、むやみやたらにできませんわな。光を入れなならんところとか、遮《さえぎ》ったほうがいいところとか、あるいは日本間であるのか洋間であるのか、それから床の間がどうなっているのか、空き地がどのくらいあるのか、そういうことを全部頭のなかに入れておかんとできません。

それがわかるというか、決まれば、あとはまとめていくだけなんです。ただきのうまで、そこに紅葉を植えるように段取りしていても、気が変わってほかのものに変えるときもあるしね。そのほうが、ずっといい場合もあるんです。

京都では、一本一本を見ていたら何でもない木を使いますわな。それでいて、トータルでは、自然と溶け込むようなやり方をするんですわ。

一本一本の木の値段を聞いたら知れておるんですがね。でも全体を見たら調和がとれているんですわ。石を使う場合でも何でもないものをちょこっと使うんですわ、隠し味みたいなものですわな。それがうまく利いている庭がいい庭なんです。いわゆる相乗効果で家に合わせながら庭をつくっていくんです。

なぜ次の世代のことを考えなくなったのか

電気製品がたくさんになって家の中から手道具が消えましたな。まず箒《ほうき》が売ってないですわ。棕櫚《しゅろ》の箒がなくなりましたな。ビニールかナイロンか知らんが、あんなややこしいもんでつくってますわな。ああいうのは静電気を起こしてかなわんのですわ。

今は畳職人も自動でっしゃろ。自動もええんやけど、なかには畳にナイロン系の素材もいっぱい入っとるから、空気の流通が悪いんですわ。あれでは畳を使う意味がなくなりますわな。畳は、夏も冬も、季節に合わせてちゃんと調整しとるんです。夏は冷とうて気持ちがいい、冬は温かみがあるしね。ビニール、ナイロン系というのは土に戻らへんからね。ぐあいが悪いですわ。

植木屋の使う道具はどれも土へ戻るか灰になれるものだったんです。わしらは藁縄《わらなわ》しか使いませんが、今はナイロン系のロープができていますわな。あれを使うと、後がやっぱりぐあいが悪いですわ。藁でも筵《むしろ》でも、みんな、放っておけば土に戻って肥料になるんです。

ナイロンのテープや何かを、こういう農作業だとか、森や林の作業に持ち込んだのは業者ですねん。一番最初は農協と違いますかなあ。大量に仕入れて、これを使ってみいと。そのために農家では自分たちがつくった藁を捨てなければならんようになったんですからね。

冬場は、どこの家でも縄をなったり、筵を編んだり、みな内職でやってましたわな。それが面倒臭くなって買ったわけですな。楽することを覚えたんです。たしかにそのときは早いんですわ。藁を結ぶより、テープで巻いたほうが早いですからな。しかし、後の使い古しのものがみなどうにもならんでしょう。土の中でも腐らないでそのままやし、かえって木を傷めるんです。

昔からやってきたことを止めるのは楽ですわな。藁は土に戻りますが、テープやビニールなどを使っていきますと、土に戻るものが少なくなって、土は痩せる一方ですわ。ポット栽培に使うナイロン系の鉢《はち》、あれはどうしようもないですわ。燃やしても燃えにくいしね。あんなのが増えて、ゴミにして捨てた場合に、後がどうなるのかね。

こうして、どこかで何かがだめになってきているのやけどね。まだ、そこまでは気づいていないんでしょう。このままやったら、つぎの世代には、もっと悪くなりますやろな。

つぎの世代のことを考えなくなったのは戦後になって、個人主義とか民主主義とか言うようになってからですわ。個人主義であろうと民主主義であろうと、自然や社会のルールは変わらへんのやからね。そのルールを無視して自分だけという感覚ではあきませんね。

今は後に残るものをつくっても残せない時代ですわ。継ぐということがだめなんですわ。個人に力が何もないのやから国力がまずないですわな。それから、文化というのは、もう継承もできへんし、新しく生まれるということもまずないですわ。今までは生活の中に、いいものがたくさん残ってきてましたわね。骨董的な価値の芸術品や美術品、それすらもうなくなりますやろ。継承できひんからね。つくっても、持てる人がいないんですわ。一代で何かできる資力なんて知れていますからね。その資力だって悪いことをせんとできませんわな、今は。すべてが平均化してきたんですわな。

農業というのは昔から、生かさず殺さずとかいわれながらも、そう大きいもならず潰《つぶ》れもせず、うまくやってきましたわね。そのかわり、農業をする場合には、大きな面積が必要だから、そこに集落ができますわな。そして、その地域は、必要なことを同時にやらんことには、ものができないから、すべてがその地域全体に合った生活をしていましたね。

だから、農村には農村の文化が発達して、仕事が一段落して休養するときに、祭りとか村の行事とか、金がかからない、心の休まる共同の行事をやっていたわけですわ。それが今では祭りはぜんぶ日曜日にしてしまう。日曜日以外は決められた時間働く。そうなってくると、時間だけを気にして、与えられた日だけを休んで、季節や村の共同作業などとは関係なく同じパターンでやっていく、そうなってしまったのやから単純ですわな。それで単一化してきておるんですな。

それに、一生懸命やっててもブラブラしてても給料は変わりませんねん。われわれの仕事というのは、価値のあるものをつくって、それを評価してもらって金をもらうんですよ。今はもらえる金がいくらやから、こんだけでしよというやり方ですわな。仕事をこなしておけばいいのやから。また、価値のある仕事を見る目を持った人もおりませんわ。もうすべての生活がそうなっておるのやから。今は職人の技術の評価というのはゼロなんです、みな一緒やから。何時間かかりましたかという言い方しかしないんやから。もうみな平等なんやから。

仕事には大きいも小さいもありません

わしらの仕事は、明日の天気に合わせて作業手順を組むんです。明日ちょっと天気が悪そうやから、これを今日中にやっておこうかというふうに。とくに石積みというようなものは、雨の日にやると危険やし恐いですからね、明日にしてもいいものはおいといて、先にやりますな。

そういう仕事の手順を組むのは、そのときの兄貴株がやります。この仕事をやったらこの人とか、この仕事やったら、こいつにやらせようとか。それで、その兄貴株が仕切ったら、みんな文句をいわずに、それについていったものです。

今は何でも平等やとかヘチマやとか、班長やとか職長やとか、妙なことばっかりいうて、それに任せっきりで、ほかのやつは知らんぷりですわ。それに言われるまでやらん。昔の人は少々頭が悪くても、これはあいつにやらしておいたらええわというのがあったものやから、それでよかったんです。人間には人それぞれに天分というものがあるんですな。その天分をうまく使えばええのやけど、それを人はみんな平等やというて、何でも同じようにしようとするから、おかしくなるんですわ。

木を植えるのが上手な人とか、枝を透《す》かすのが上手な者とか、石を組むのがうまい人とか、いろいろおりますわ。それを上手に使わなければ、仕事は平等やなんていうてたらできませんわ。そういうことを兄貴分がよく知っていて、うまく段取りするんです。このほうが今よりずっと合理的で、人の力を生かせます。一人で全部、何でもやらなくてもいいんです。できることをやれば、みんなのためになるんですから。ほかの仕事がうまくなくても、これならできるということで参加するし、またそういう人がいないと困るんです。

仕事に大きい小さいはありませんな。面積の大きい小さいはあっても、仕事に大きい小さいはないと思います。

どんな狭いところでも気を入れてやらんと、木も育ちませんし、根づきません。石を置いても、なんや、ただ置いてあるだけなら邪魔ですわ。

仕事をするにも時期がありますわ。時期によっては、そのときにはどうしても使えない木があるんです。植えたくても、時期が悪いときは植えられません。しかし、今はそれをやってしもうて、枯らしてしまうことが多いですな。

木にも寒がりと暑がりとあります。それに落葉樹と常緑樹とがありますわな。北のほうへ行けばいくほど、常緑闊葉樹はありませんわ。そういうものをどうするかということです。それを、何もわからん、ポイと学校を出てきた人間が、設計事務所でいきなり絵を描きよるから、絵はきれいやけど、育ちそうもない、気候にそぐわない木を描く。庭はまったくわかっていないのですわ。

今は建築でもそうらしいですわ。請け負うたところで、もういっぺん図面を引き直さんとほとんどできんらしいですわ。実務者がおらへんのです。頭だけでいきよるから。寸法はきちっと書いてあるけど合わへんもんがいっぱい出てきよるんです。庭の場合も、木や草をただ突っ込んでおいたらええように思っているさけね。土があったら植物ができると思っているんです。

消えていく植木の職人たち

庭をつくるというのは、施主の主観とわしらの主観ですわな、それが合致せんことにはうまいこといかん要素がずいぶんありますのでね。相手の主義とか生活のもろもろをやはり把握してからでないとやりにくいですわ。建売りの場合は、ただ青いものを植えておけばいいんやしね。そういう家が増えてきたら、わしらはもうどうしようもないですわな。

わしらの場合は、少なくとも年間一回ないし二回は自分がつくった庭を見にいくでしょ。時間がたっても、またある程度自分で整えられるから、まだましなんですわ。家の場合は、どこかが故障するまで用はないんやからね、大工というのはそこがつらいですわね。

昔、家は百年の材木を使えば百年もつとか言いましたわな。百年は当たり前でした。どの家でも家をつくるときには孫の代に建て直すように木をそろえましたからね。

神社仏閣の木がみなそうですわね。何かのときにそれを使える、また何かの必要に迫られたときには、それを切って売るとか。そういう木を今はもう切らしませんのでね、とくに京都は。

木は世代交代しながら生き続けていくものだということがわからないんやね。とにかく切るな、今の状態を保ての一点張りですけれど、木だって大変なんです。そこでもう朽ち果てるまで待たなしようがないことになるんです。

京都も職人が消えていってますわ。

今はわしらの仕事も技能士という名の制度に変わっていますやろ。植木屋が造園技能士という名前になって、三級、二級、一級とあるんですわ。上が一級ですわ。技能士の制度ができてから、すでに二十年ぐらいになるのですかな。

技能士という制度になったこと自体、それはそれでいいんです。しかし、問題はこれが職人的な根性を忘れた制度だということですわ。つまりペーパー職人ですわ。国家試験を受けて、それで認定されて資格をもろうただけですのやからね。

一回目ないし三回目までぐらいに技能士の免許を取った人は、だいたいわしらの年代なんです。年齢的にいえば、もう六十歳以上ですわ。ところが今は一級が二十七歳ぐらいで取れるんです。経験年数とかなんとか、受験資格のいろいろな枠《わく》が、二十七ぐらいやったと思うんですわ。専門課程の大学を卒業した者が、三年ぐらい自分の経験を積んだとして、それで二十五、六歳になりますやろ。そこで、仮に免許証みたいなものを出すとしますわな。七十歳の職人と二十五、六歳の者が、仕事をしたら雲泥の差がありますわ。

けれども、同じ資格なんですわ、資格に差はないのやから。一級技能士やったら、去年資格を取った人でも、二十年経験を積んで相当な年を取ってから取得した者でも変わりがないんです。

しかし、仕事の内容は全然違うんですわ。それはそうですわな。一方は七十歳までやってきているんですから。それでも、試験に通ればまだいいんです。長い下積みをして技を身につけてきた人たちが、試験に通らないということもありますやろ。修業というのは試験のためにやってきたわけやないんやからね。そうすると、腕はあるんやけど、試験だけで通ってきた資格者の手伝いというか、請負《うけおい》をしなければいかんということになる。それで、仕事のできる年いった人はアホらしくて仕事をしよらんのや。

ちゃんと仕事をする人がもう必要がなくなってきたんやから。頭だけで仕事をしよる人が大手をふっているのやから。それでいいのかと言われても、それが今の制度なのやから。

経験を尊重しないのやったら職人はいなくなりますわ。わしらが扱う木というものは学問やないんです。木はみな一本ずつ違うんやから、これがいいというのはないんです。一本ずつ扱いも植え方も、枝の払い方も違うんです。まあ、それを覚えるには経験しかないんですけどね。相手は自然ですやろ、変わるものなんです。それを試験でみんな同じにしてしまったら職人は育ちませんわ。

植木屋の今日と明日

造園にも日本造園組合連合会という全国組織があるんですわ。わしは今、そこの常務理事をやっているものやから、業界の生き残りについて、今後どうすべきかという仕事のほうが多なって、本業からちょっと離れたような格好になってしもうているんですが、先日もその会合に行っとったんですけど、やっぱり生き残り策に、みんな往生しているんですわ。

われわれの場合は、公共事業をやっている人もいるんですけど、本当の一人親方でおる人が多いんですのや。

一番の問題というのは、やっぱり技術者を養成できないことですのや。技術者というのか、いわゆる職人が育たんのです。というのは、公共事業は半分マニュアルでやるんですわ、もう言われたことをしておけばいいのやから。よけいなことをしたらあかんのです。そのかわり納期は絶対に守らなならんのですがね。

本当の造園屋というのは、やっぱりその人、その人の技を使ってする仕事です。技というと、やっぱり人は一人ひとりみな違うんですわ。自然のものを扱うんですから、その土地柄によってもみな違ってくるでしょ。そういう技を持った人間が評価されないし、後継者も育たないというんで、廃業していく人が多いんです。このパターンが一番多いですね。魅力のない職業になってしまったんですなあ。

それで、どうしたものかと思うてね。

今までは、ある程度、庭の手入れ仕事にはサービス的なところがありましたわね。それはそれでいいんですけど、その出入り先からつぎのお客さんを紹介してもらって新しい庭をつくるというケースもあって、わしらもお客さんも、おたがいにずっとうまくいっていましたわな。ところが今の税制では庭のある家は建ちませんやろ。庭をつくるような家を建てたら相続がかなわんから、みな、やりませんわ。ですから、わしらのような仕事はもうないんですのやわ、仕事自体が。

公共工事をやるのは、ただ入札業務だけである程度決まっていますわな。これまでのような施主と庭作りして、その庭を見まわって育てていくという、そういう人と人との触れ合いがなくなってきたでしょ。今はそういうことができんし、そういう人もおらんのです。そういう人が育たんというのか、金持ちができひんというのか、どうにもならんようになりましたね。

それで、こんどの週四十時間という労働時間が法律で決まったものやから実施せんことにはしゃあないですわな。そうなってくると、四季、またその日の気象条件によってどう変わるかわからんのに、時間になったからというて止めなならんわけです。それに、近ごろは植木の栽培地がだんだん遠隔地へ行っているでしょ。それで、土曜、日曜の二日を休んでしまうと、荷物が届かんわけですわな。野菜のように冷凍して運べばええというようなものやないし、放っておけば弱ってしまうし、もうどうしようもないんですわ。

こんな状況ですから、庭の仕事みたいな自然相手の仕事をしておる同業の者は、みんな弱っているんですわ。このままやったら、日本の庭の文化や伝統は守れず、親から子に伝えることも不可能になりますわ。

たとえこれはこれで日本の国から庭がまったくなくなったとしても、そのかわりになる緑の多い公共的な空間をもっと多くつくれば、ヨーロッパ並になると思うのですけどね。いわゆる居住空間はぜんぶ家で、もろもろの公共施設をつくっていくとかね、そういうふうにすれば、できんことはないと思いますけど、そのためには、きちっとしたビジョンがいりますな。

昔、財閥が持っていた日本の庭というのは、今は法人が持っているところが多いんです。法人だと何とか維持はしていけますが、そのかわり、手入れができませんのや。昔は、やっぱりその人の好みによって、自分のところのお抱えの庭師がずっとうまいことやってきましたけどね。法人が持ってしまうと、どうしても限られたなかでしかやれませんので、形態を保つということも無理で、やっぱり荒れる一方ですな。

ですから京都の庭ももうおしまいに近いですね。ほとんどなくなってきました。料理屋ですら、庭を潰しにかかっていますやろ。金の上がることを考えないかんから。庭よりもたくさん食わす場所をとったほうがいいということですわね。客も風景に金を払わなくなったんですな。それでは料理にも付加価値が出てきませんやろ。雰囲気があるから千円のものを千五百円出しても、まあまあ、人は得心しておったんやけどね。月見の宴などというものも、それなりの場所でしていたわけですからね。

しかし、そういう必要がなくなってしもうて、客の回転だけを考えるものやから、みなビルに建て替える、今はそういう時代ですわ。だから、われわれの仕事は、もう消滅していかなしようがないかと思うんですわ。

わしらがいなくなっても誰も困らないように思えるんです。そこがつらいところですな。わしはほぼ諦めているんですわ。

聞き書き者あとがき

十六代目佐野藤右衛門さんに初めて会ったのは一九九六年。ある雑誌の取材で広沢池近く、山越のお宅を訪ねたときだった。今でもそうだが、多くの雑誌は春号には「桜特集」を組む。そのときも桜守のすすめる各地の名桜と鑑賞法というようなテーマだった。

佐野さんはご自身を桜守というふうに呼ばれるのを嫌っていらした。佐野さんの父十五代目には『桜守二代目』という著書があるので、そういう呼び方でいいと編集者は思っていたし、特集号のタイトルにもそううたうつもりでいたのだが、のっけから自分は桜守じゃないと言われて面くらっていた。それは桜に関してもそうで、お気に入りの桜とかこれは素晴らしいというようなものはないとにべもない。桜はみんなそれぞれ違うもので、これが良いとか悪いとか言うのは人間の身勝手だ、というのだ。桜は何も人間に喜ばれようとして花を咲かせているわけじゃないと。なるほど、その通りなのである。

愛でるのはかまわないが、花が咲いたときだけ騒ぐのはおかしい。桜は一年中桜で、花が咲く前には芽が出、膨らみ、ほころび、散り、同時に葉が出て、鮮やかな緑になるじゃないか。季節ごとに変化する、環境に応じて性格が出る。鳥が来る、虫が寄る。風でなびく、雨に打たれる。みんなそのまま受け入れ、見守ってやればいい。

育てよう、守ろう、保護しようなんておこがましいし、考え違いだ。話の内容は世間にも国にも及び、歯に衣を着せぬ。そしてたとえにはさまざま人間の行為や暮らしぶりが語られる。

佐野さんのお宅は、古いかやぶき屋根。土間にはへっついが据えられ、それを実際に毎日使っている。そのお宅には常に三代の家族が暮らしている。暮らしぶりは季節に合わせ、集落の行事、風習に従い、日々の天候に合わせて仕事を続けていく。

私達から見れば〝昔ながらの生活〟である。佐野さんに言わせれば、自然の中でいきものとしての人間が生きていく当たり前のことをしているだけ。

生活習慣や祭りにはみな意味があり、それは試行錯誤の結果得られた先人の知恵の結晶なのである。それを何で無視したり、壊したりするのですか、「そうでっしゃろ」と迫る。

小さな体だが、エネルギーに満ちた話しぶりで、「そうでっしゃろ」と言われれば、みなうなずく話である。

この時、昭和三年生まれの佐野さんは六十九歳。木に登っての剪定も自ら行うし、庭石も動かす現役の植木職人だった。長年の経験と自らの判断でくだす言葉は、やんちゃなじいちゃんの生活と仕事に根付いた正論である。

雑誌の特集は、桜守の名も使っていたし、彼がすすめる桜が幾つか紹介される形でまとめられた。雑誌もしたたかなのだ。その仕事に聞き書きの形で私が原稿を書いたのだが、限られた枚数では佐野さんのおもしろさが海の水をお猪口ですくったようで、惜しい気がした。

それで改めて手紙を書き、聞き書きの形で一冊の本にしたい旨、お願いした。

一九九六年、一九九七年の一年半、月一回山越のお宅を訪ね話を聞いて、聞き書きの形でまとめたのが草思社版『桜のいのち庭のこころ』であった。

聞き書きのやり方は全ての話をテープに録音し、文章に起こし、基本的に佐野さんの話された言葉だけで整理した。その方が佐野さんの姿や生き方、人となりが伝わると思ったのでこの手段を選んだ。この本は一九九八年四月に刊行され、刷りを重ねたが、品薄になっていた。

それを今回、二〇一二年四月、文庫本として改めて世に送ることになった。私が話を聞いた頃から十五年も経つが、佐野さんの話は古びてもいないし、色あせてもいない。容赦ない時間のヤスリさえ、先人の知恵や警告の刺をそぎ落とせなかったのだ。

むしろ現代人の生活やものの考え方が効率、便利、享楽を追い、「地球を守る」「自然にやさしく」と傲慢に言う今こそ、佐野さんの言葉が戒めになるのでは。そう思って、文庫版に当たっても追加修正は行っていない。

昨年、二〇一一年三月十一日、大震災を目の当たりにした私達は被災地の荒景のなかに咲く桜を見た。

佐野さんは今年八十四歳になる。自然を認識し直せ、身勝手ないきものではいかんという言葉がこれからの生き方の指針になるのではないだろうか。改めて文、庫本の形で、みなさんに読んでもらえる機会を得たことをうれしく思っています。

二〇一二年二月

塩野米松